T0311474

ALTE
BAUKUNST
und NEUE
ARCHITEKTUR

Günther Fischer

ALTE BAUKUNST und NEUE ARCHITEKTUR

Birkhäuser

3

DIE ENTFALTUNG DER NEUEN ARCHITEKTUR

4

DIE ZUKUNFT DER NEUEN ARCHITEKTUR

VORAB

Der vorliegende Text erzählt die Entwicklungsgeschichte der Baukunst von den Anfängen bis ins 21. Jahrhundert. Sein knapper Umfang ist kein Programm, sondern einzig dem extremen Standort der Betrachtung geschuldet: geschätzte 8000 Meter Flughöhe, wo Berge, Städte und Landschaften zu winzigen Flecken zusammenschnurren und die Konturen der Länder oder – wenn man noch höher steigt – sogar der Kontinente sichtbar werden.

Ein solcher Perspektivwechsel war die einzige Möglichkeit, Klarheit über den Stand der Architektur und deren verwirrendes Erscheinungsbild zu erlangen, den Gesamtzusammenhang von alter und neuer Architektur zu erfassen, um dadurch auch die Moderne in einem neuen Licht zu sehen. Im Blick von oben trat die Grenze zwischen beiden Erscheinungsformen ähnlich scharf hervor wie die chinesische Mauer auf einem Satellitenbild, gleichzeitig wurde aber auch deutlich, dass jenseits der Mauer das Land weiterging und trotz gravierender Unterschiede nach wie vor ein einziges, zusammenhängendes Territorium bildet.

Der Versuch also, in wenigen exemplarischen Schritten die Entwicklungsgeschichte der Baukunst neu und auch kritisch zu verhandeln, die kanonischen, in zahllosen Darstellungen versteinerten Erzählungen aufzubrechen und neu zu sortieren. Tabubrüche durch Reizwörter wie »Ornament«, »Repräsentation«, »Inszenierung« sind damit ebenso vorprogrammiert wie schmerzhafte Einbußen an Vollständigkeit und Differenzierung im Detail.

Daher auch ein Projekt zwischen allen Stühlen: weder Kunstgeschichte noch Architekturtheorie, weder wissenschaftliche Abhandlung noch leicht verdaulicher Bildband. Stattdessen ein neuer Versuch, zu erklären, wie und warum die Architektur zu dem geworden ist, was sie heute ist.

1

ENTSTEHUNG, BLÜTE UND UNTERGANG DER ALTEN BAUKUNST

AM ANFANG WAR DAS BAUEN

»Der Mensch baut ursprünglich, um sich zu schützen – gegen Kälte, gegen Tiere, gegen Feinde. Die Not zwingt ihn, und wären nicht bestimmte, sehr nahe und drängende Zwecke, so würde er nicht bauen. Seine ersten Bauten haben einen rein funktionalen Charakter.«[1]

Mit diesen Sätzen beginnt Adolf Behne, der journalistische Mitstreiter des Neuen Bauens, 1923 sein Buch *Der moderne Zweckbau* – und man könnte dieser Aussage vorbehaltlos zustimmen, wären da nicht die beiden Einschränkungen »ursprünglich« und »seine ersten Bauten«. Es ist nicht ersichtlich, was Behne zu diesen Einschränkungen veranlasst hat. Schaut man sich um, haben die meisten Bauten auch heute einen »rein funktionalen Charakter«, nicht nur in den explodierenden Megastädten der Dritten Welt, sondern ebenso in den Metropolen der westlichen Industrienationen und den zersiedelten Bereichen der ländlichen Regionen. Der einzige Unterschied liegt in der früheren Ergänzung der blanken Funktionserfüllung durch vielerlei Dekor und handwerklichen Reiz.

Hier knüpft auch Behne gleich im nächsten Absatz an: »Wir finden aber bei einem Studium der Anfänge der menschlichen Kultur, dass unzertrennlich vom Praktischen die Lust des Spieltriebes ist.«[2] Ohne ihn »wäre gar nicht zu verstehen, warum das [...] Haus ein gutes Aussehen, eine bestimmte Gestalt haben sollte«, warum der Mensch es

Lehmbauten, Yemen

von Anfang an »über das streng Notwendige hinaus eben-mäßig und schön formt, [...] bemalt oder mit Ornamenten schmückt.«[3]

Aus unserer Kenntnis der letzten, heute noch annähernd ursprünglich lebenden indigenen Völker wissen wir, dass diese – sobald die primäre Schutzfunktion erfüllt war – begannen, die Gegenstände des täglichen Gebrauchs zu überformen, zu verschönern, zu verzieren: Geschirr, Werkzeuge, Waffen, Bekleidung – und natürlich auch die Hütten.

Dekor und Ornament spielten seit diesen Anfängen – mit starken Schwankungen der Intensität – stets eine wichtige Rolle im Bauen. In unerschöflichen Variationen entstanden Muster, Bemalungen und plastischer Schmuck als sichtbarer Schritt über die reine Funktionserfüllung hinaus, als gerade in seiner Nicht-Notwendigkeit wahrer Ausdruck menschlicher Freude an der Verschönerung, als Resultat einer Art ästhetischen Spieltriebs, wie Behne ihn beschreibt.

Allerdings blieb diese Form der Bearbeitung sehr stark mit der handwerklichen Produktionsweise verbunden. Es liegt in der Natur dieser Tätigkeit, dass die Menschen nach einiger Zeit anfangen, zu variieren, neue Muster und Formen auszuprobieren, anstatt ein Leben lang die gleichen Vorlagen zu kopieren. Ursache ist aber nicht nur die Langeweile, sondern auch die Freude an der Entwicklung immer anspruchsvollerer Lösungen oder der Wunsch, die eigene, stetig wachsende Meisterschaft zu demonstrieren.

Dass Dekor und Ornament zu Beginn des 20. Jahrhunderts derart in Verruf gerieten, hing also auch mit der Tatsache zusammen, dass nach dem allmählichen Verschwinden der handwerklichen Produktionsweise die jetzt industriell erzeugten Produkte immer noch mit einer überbordenden Ornamentierung versehen wurden, obwohl diese längst kein Ausweis hohen handwerklichen Könnens mehr war, sondern nur noch ein banaler Stanz- oder Gussvorgang.

Zurück zu Behne. Dieser kommt vom Spieltrieb dann sehr schnell zur Form (den späteren Baustilen). »Der Spieltrieb war es, der gewisse, von Zeit zu Zeit allerdings wechselnde Formgesetze aufstellte.«[4] Und damit sind für ihn auch schon die Eck- und Ausgangspunkte des Bauens benannt: *Zweck* und *Form* – und auch sein Ziel in Richtung einer Synthese: Zweckform, Zweckbau.

An dieser Stelle müssen wir Behne verlassen. Wir finden in der Frühzeit des Bauens zwar auch die Form – denn jedes Objekt, jeder Gegenstand hat eine Form –, aber nicht in dem Sinne, wie Behne es meint: den »Bau als Form: die Arbeit eines Künstlers«[5]. Wir finden die Gebäudeform vielmehr als Ergebnis eines lang andauernden kollektiven Prozesses, in dem die in der Region vorhandenen Baumaterialien und die daraus resultierenden konstruktiven Möglichkeiten die entscheidende Rolle spielen und schließlich in eine Standardform münden: einen *Typus*. Schon Vitruv hatte seinerzeit die Stufen dieses evolutionären Prozesses beschrieben:

- Nachahmung
- Lernen und Erfindung
- Versuch und Irrtum
- Rückkopplung
- Wettbewerb, Konkurrenz
- Optimierung[6]

So entstanden – um nur wenige Beispiele zu nennen – die Bambushütte, das Blockhaus, das Zelt, das Iglu als Nester der Spezies Mensch, für die aber der Bau solcher Nester nicht zum genetischen Programm gehörte, sondern bereits einen entscheidenden zivilisatorischen Schritt darstellte – perfekte Endprodukte eines über Jahrtausende andauernden kollektiven Optimierungsprozesses, unauflösbare Einheiten aus Funktion, Konstruktion und Form.

Aber noch ein Letztes wurde schon in der Frühzeit des Bauens sichtbar: der Drang nach Ausdruck von Rangunterschieden. Die größte und prächtigste Hütte für den Häuptling, die nächst kleinere für den Schamanen, dann folgten die Hütten der Jäger, der Frauen, der Ältesten, je nach Gesellschaftsordnung, in jedem Fall: die Behausung als Abbild der gesellschaftlichen Bedeutung des Besitzers oder Nutzers.

Ganz am Anfang des Bauens finden wir also bereits alle Elemente, die ausreichen, um den überwiegenden Teil der Bautätigkeit von Anbeginn bis heute zu beschreiben:

— *Funktion:* das nützliche und notwendige Bauen für den Gebrauch, die Schaffung von geschützten Räumen für unterschiedlichste Zwecke.

— *Material und Konstruktion:* die Bedeutung von Material und Konstruktion als Ausgangspunkte allen Bauens, aber auch als ständige Herausforderung und Widerstand leistende Begrenzung.

— *Dekor:* die Freude an Schmuck und Verschönerung, an immer neuen Mustern, Ornamenten, Farb- und Materialkombinationen.

— *Typus:* die jeweils aktuelle Synthese aller funktionalen, konstruktiven, materiellen und formalen Errungenschaften, als Grundmuster mit vielen Variationsmöglichkeiten.

— *Repräsentation:* das repräsentative Bauen als Ausdruck gesellschaftlicher Rangordnungen oder als Kennzeichnung öffentlicher Institutionen.

Wir finden nicht: die Baukunst ...

In den traditionellen Erzählungen der Architekturgeschichte entwickelt sich diese ja immer automatisch oder zwangsläufig aus den Anfängen des Bauens, parallel zum Fortschritt der Menschheit, ganz im Sinne der christlich-abendländischen Heilslehre, aber dieser Automatismus ist nichts als eine schöne Illusion. Die Evolution des Bauens endet keineswegs automatisch in der Baukunst, sondern kommt über weite Teile vorher zum Stillstand. Das meiste, was je gebaut wurde, hat mit Baukunst nichts zu tun – und das ist bis heute so geblieben.

DIE ANFÄNGE DER BAUKUNST

Die Baukunst entsteht jenseits dieses profanen und nützlichen Bauens. Sie kann ihre Schwingen nur entfalten und sich in die Lüfte erheben, wenn sie die Sphäre des Alltags und des Bauens für den Gebrauch verlässt.

Sie beginnt also wortwörtlich mit dem Jenseits, mit den Tempeln der Götter oder, wie in Mesopotamien oder Ägypten, mit den Grabmälern der Gottkaiser. Sie beginnt in fast allen frühen Hochkulturen mit dem Versuch, etwas zu imaginieren, was *außerhalb* des Menschen und der menschlichen Sphäre liegt: Wohnstätten für die Götter, Tore zur Ewigkeit.

Nichts Geringeres als die Gesetze des Universums mussten sich daher in diesen Bauten widerspiegeln: Ordnung, Maß und Zahl, hier konnte und durfte es keine Zufälligkeiten oder Ungenauigkeiten geben wie im normalen Bauen für Menschen. Deshalb gehörten Astronomie und Mathematik von Anfang an zum innersten Bezirk der Baukunst und spiegelten sich in der geometrischen Präzision der gewaltigen Tempel- und Pyramidenanlagen rund um den Erdball wider.

Ähnlich verhielt es sich mit der Auswahl des Materials. Die meisten traditionellen Baumaterialien der Frühzeit waren vergänglich und vertrugen sich schlecht mit dem ewigen Leben der Götter. Also begannen die Handwerker, etwa in

Maya-Ruinen, Chichén Itzá, Mexiko

Ägypten, Papyrus- und andere Pflanzenstängel und -blüten Schritt für Schritt in Säulen und Kapitellen aus Stein nachzubilden. Auf diesem Wege entstanden in einem Jahrhunderte währenden Verfeinerungsprozess die gewaltigen versteinerten Säulenwälder von Luxor und Karnak.

Auch der strukturelle Aufbau des griechischen Tempels stammt ja aus dem Holzbau. Sobald aber um etwa 600 v. Chr. die Technik des Steinschnitts aus Ägypten auch in Griechenland heimisch geworden war, begannen die dortigen Handwerker die Holzbaukonstruktion eins zu eins in Stein und Marmor zu transponieren – wie eine Melodie in eine andere Tonart: die Form blieb, sie war das Entscheidende, und sie wurde gehalten wider alle Vernunft. Denn während ein Baumstamm mit wenig Bearbeitung eine halbwegs passable Holzstütze abgab, musste das Rohmaterial für eine Marmorsäule in Blöcken aus einem Steinbruch herausgeschnitten werden, wegen des übergroßen Gewichts der Gesamtsäule auch noch in Teilstücken, die dann – möglichst ohne sichtbare Fugen – aufeinandergestapelt und vorher auch noch zu Trommeln gehauen werden mussten, um der Form eines Baumstamms wieder nahe zu kommen.

Auch die Abmessungen der Stürze waren letztlich nicht statisch bestimmt, sondern durch das unerbittliche, formale Gesetz der Proportion, auch wenn dieses ihr ohnehin schon tonnenschweres Gewicht noch einmal verdoppelte und sie in einem Stück bis in zehn oder zwölf Meter Höhe gehievt werden mussten. Und schließlich musste die tragende Struktur auch noch detailliert und bildhauerisch bearbeitet werden – dies geschah aus Angst vor Beschädigungen durch den Zusammenbau erst nach der Fertigstellung des Rohbaus.

Wenn dann allerdings aus dem noch unfertigen und ungestalteten Material allmählich die glänzend polierten, kannelierten oder plastisch behandelten Formen hervortraten, wenn aus dieser Metamorphose Stück für Stück ein strahlendes Meisterwerk – jetzt: der Baukunst – hervorging, wurde auch deutlich, dass es nicht der Aspekt der Haltbarkeit allein war, der den Marmor zu *dem* Material des griechischen Tempelbaus machte: es waren auch die Kostbarkeit und die Schönheit des Materials, wenn es denn mit dieser Intensität und Perfektion bildhauerisch bearbeitet wurde und dadurch in ihm zusätzlich ein immenser Wert an meisterlicher menschlicher Arbeitskraft gespeichert war, den es dann für den Betrachter wieder abstrahlte oder ausstrahlte und durch den es in ihm Staunen und Bewunderung erregte. Es war auch die ästhetische und plastische Qualität dieses Materials, die seine Verwendung zu einem ständigen und wesentlichen Bestandteil der Alten Baukunst machte. Mit Billigmaterialien war diese Wirkung nicht zu erzielen.

Erklären ließ sich die Bereitschaft, ein derart hohes Maß an materiellem Wert und menschlicher Arbeitskraft in diese Bauaufgabe zu investieren, nur durch den tief verwurzelten Glauben, dass sich das Maß der Gottesverehrung durch die

Größe und Pracht der Gotteshäuser ausdrücken ließe. Bekanntlich blieb diese – nicht unbedingt zutreffende – Vorstellung dann als edler und teilweise ruinöser Wettstreit in der gesamten Geschichte der Sakralarchitektur wirksam.

So also entstand die Baukunst – hier stellvertretend am Beispiel der griechischen Antike beschrieben, aber auch sonst überall auf der Welt: als Resultat der äußersten Anspannung aller Kräfte zur Erschaffung einer außerweltlichen Sphäre jenseits aller funktionalen Erwägungen und profanen Bedürfnisse der Sterblichen. Es ging nicht um Vernunft – und schon gar nicht um normales Bauen –, sondern es ging gerade um die eindeutige Differenz zwischen den Behausungen der Bevölkerung und den Monumenten für die Götter.

DIE ENTWICKLUNG DES FORMENKANONS

Während jedoch die Baukunst der frühen Hochkulturen meist mit diesen zusammen unterging, gelang es den griechischen Baumeistern, jenseits des profanen Bauens ein zweites, eigenständiges Formenrepertoire zu schaffen, einen neuen Kanon formaler Bauelemente, der – zumindest im Abendland – über mehr als 2000 Jahre Bestand haben sollte.

Es entstand das bildhauerisch inspirierte Grundvokabular einer neuen Hochsprache, das die strukturellen Inhalte des

Bauens bildhaft zur Schau stellte: das Drama von Stütze und Last, den Verlauf der Kräfte vom Architrav über alle logisch und sinnfällig ausgestalteten Zwischenglieder bis zum Stylobat – ein Schauspiel des Bauens, das perfekter nicht inszeniert werden konnte und noch Le Corbusier erschauern ließ ob der Gewalt, des Potenzials und der Kapazität, die in diesen einfachen Formen komprimiert war und die dann die gesamte Baugeschichte des Abendlandes bis in das 19. Jahrhundert hinein immer wieder befruchtete.

Im weiteren Verlauf meldeten sich aber auch die anderen Antriebskräfte des Bauens zurück und begannen, sich der neuen Sprache zu bemächtigen. Waren die frühen Tempel noch von archaischer und vielleicht bedrohlicher Strenge, so standen Dekor und Ornament in der griechischen Klassik bereits in voller Blüte: Kymatien, Perlschnüre, Mäander und Palmetten schmückten die Bauelemente, Figurenschmuck und wahrscheinlich auch Farben kamen hinzu, die glatten Flächen des Frieses begannen sich mit Wein-, Efeu- und Akanthusblättern zu überziehen – ähnlich dem Vordringen der realen Vegetation. Gegen Ende des hellenistischen Zeitalters hatte die Dekoration die architektonischen Elemente schon an vielen Stellen erobert.

Dass sich Ornamente einer neuen baukünstlerischen Form bemächtigen, am Anfang durchaus sie noch steigernd und verfeinernd, gegen Ende aber sie erdrückend und unter sich begrabend, wurde zu einem konstanten Muster in der weiteren Entwicklung der Alten Baukunst.

In ähnlicher Weise waren auch die Tage gezählt, in denen das am Tempel entwickelte formal-ästhetische Konzept ausschließlich im Dienste der Götter stand. Die Entwicklung vollzog sich hier in zwei Stufen. Im ausgehenden 5. Jahrhundert wurde damit begonnen, das neue Repertoire auch bei den großen Gesellschaftsbauten einzusetzen: der Agora, dem Theater, der Stoa – also bei den zentralen Elementen der griechischen Stadt und des politischen und gesellschaftlichen Lebens. Hier ließ sich der Einsatz der neu entwickelten Hochsprache immerhin noch mit dem besonderen Rang dieser weit über den Einzelnen hinausweisenden, die Gesellschaft als Ganzes repräsentierenden Bauaufgaben begründen.

Aber dabei blieb es nicht. Waren zu dieser Zeit die Privatbauten der Herrscher oder auch der demokratischen Führer immer noch erstaunlich bescheiden, so drängte im Laufe der weiteren Jahrhunderte der Wunsch nach Repräsentation immer stärker in den Vordergrund. Je weniger die Götter galten, desto stärker wurden die ehemals zum Ruhm der Götter entwickelten baukünstlerischen Formen auch für die Herausstellung der eigenen, auf Ruhm und Ansehen bedachten Person okkupiert. Zu Zeiten des Hellenismus standen dann die Künste »nicht mehr im Dienste der Gemeinschaft, sondern im Dienste der Herrscher und ihrer Repräsentanten. Das Streben nach Prunk, nach persönlichem Ruhm und nach Verherrlichung der Dynastie bestimmte die Auftragserteilung.«[7]

Wir können hier den Beginn der schicksalhaften und bis ins 19. Jahrhundert hinein unauflöslichen Koppelung von Baukunst und Repräsentationsarchitektur beobachten. So wie einst für die Götter lieferten die Architekten jetzt Schönheit und Kunst für den Ruhm der Herrscher. Die Kunst wurde profane Auftragskunst, und ihr Auftrag lautete, Reichtum, Macht und gesellschaftliche Bedeutung in Szene zu setzen, eine weitere, deutlich sichtbare und möglichst große Differenz zu erzeugen: einerseits zum normalen Bauen der Bevölkerung, andererseits zu den repräsentativen Bauten der konkurrierenden Herrscher oder Stadtstaaten.

Dabei war die Anbindung der Repräsentationsarchitektur an das formale System der Sakralarchitektur keineswegs zufällig, die Schaffung einer eigenständigen baukünstlerischen Ausdrucksform für die weltliche Sphäre war nie eine Option. Vielmehr lag gerade in der Verwendung der sakralen Formen eine unwiderstehliche Versuchung für die Herrschenden, und zwar aus mehreren Gründen:

— Die Verehrung für die Götter konnte auf diesem Wege auf die eigene Person umgeleitet werden; oder die eigene Person konnte durch die bauliche Repräsentation in den Status der Gottähnlichkeit gerückt werden. Aus der Psychoanalyse sind diese Vorgänge als »Übertragung« und »Verschiebung« bekannt.
— Durch die extreme Höhe des baulichen und bildhauerischen Aufwands ließ sich der eigene Reichtum in der

gewünschten Eindeutigkeit demonstrieren und sicherte so den ersehnten Nachruhm.

— Die allgemein bauliche und nicht speziell sakrale Bildhaftigkeit des griechischen Tempels machte sein formales Vokabular auch für die weltliche Sphäre verfügbar. *Diese* formale Sprache ließ sich säkularisieren und für Repräsentationszwecke nutzbar machen.

So wurde durch Säkularisierung und Ausdehnung des Anwendungsbereichs das beschränkte formale System der Tempelarchitektur Stück für Stück zu einem Repertoire repräsentativer Bauelemente erweitert, durch das neben den sakralen Inhalten jetzt auch weltliche Ansprüche an Repräsentation ausgedrückt werden konnten.

Gleichzeitig war damit das Terrain der Baukunst vollständig abgesteckt: Es gab die universellen Ordnungsprinzipien, die kostbaren, künstlerisch bearbeiteten Materialien, eine skulpturale Gestaltqualität und ein eigenständiges baukünstlerisches Vokabular der sakralen Hochsprache. Es gab daneben eine in der weltlichen Sphäre beheimatete Repräsentationsarchitektur, die das formale Repertoire des Tempels für ihre Zwecke übernahm und zu einer repräsentativen Sprache erweiterte, einerseits für die großen Gesellschaftsbauten, andererseits für den Ruhm der Herrschenden. Und es gab parallel und ergänzend ein umfängliches, komplett ausgearbeitetes Dekorationssystem, das der Nachwelt ein fast unerschöpfliches Reservoir formaler Elemente zur Verfügung stellte.

BAUTECHNIK UND RAUMKUNST

Das war der Stand, als die Römer sich im 2. und 1. Jahrhundert v. Chr. anschickten, Griechenland zu erobern. Im Vergleich zu der damals bereits im Niedergang begriffenen griechischen Hochkultur bauten sie noch relativ grobschlächtig und eher pragmatisch. Wichtig wurde in dieser Phase vor allem die Bewältigung der technischen Herausforderungen, die mit dem Aufbau des Imperiums einhergingen: die Errichtung gewaltiger Wasserleitungen, Brücken, Wehranlagen, Häfen, Speicherbauten, Markthallen etc.

Hier zeigten sich auch die besonderen Fähigkeiten der römischen Baumeister, die mit der Perfektionierung von Wand- und Pfeilerbau, der Entwicklung neuer Materialien wie dem Gussmörtel und dem umfassenden Einsatz von Bogen, Arkaden, Gewölben und Kuppeln die Konstruktionstechniken insgesamt revolutionierten und mit diesen primär technischen Errungenschaften dann auch den Grundstein zu einer weiteren Stufe der Baukunst legten.

Für ihre sakralen Zwecke und die wichtigsten Repräsentationsaufgaben übernahmen sie jedoch zunächst die bewunderte Architektur der griechischen Hochsprache. Sie entwickelten kein eigenes System, keine neue Sprache. Als Vitruv seine *Zehn Bücher über Architektur*[8] schrieb, also etwa zur Zeit des Augustus, war dieser Prozess der Übernahme schon weitgehend abgeschlossen, und so ist das Buch des

Römers Vitruv in weiten Teilen auch ein Lehrbuch darüber, wie es die Griechen gemacht hatten.

Vitruv nahm allerdings durchaus Schwerpunktverschiebungen gegenüber der griechischen Architektur vor: Nicht mehr die vermeintlich göttlichen Gesetze des Universums, sondern der menschliche Körper und das Verhältnis seiner einzelnen Glieder zur Gesamtgestalt wurde jetzt die Grundlage der Proportionslehre. Das war eine aufschlussreiche Verschiebung von der kosmischen in die menschliche Sphäre. Nicht zufällig wurde später in der Renaissance, als der Mensch mit seiner Individualität noch stärker in den Mittelpunkt rückte, die berühmte vitruvsche Figur von Leonardo da Vinci so populär.

Trotzdem blieben die *Zehn Bücher* Vitruvs von dem Wunsch geprägt, die architektonischen Vorstellungen der römischen Führungsschicht in seinem (griechisch geprägten) Sinn zu beeinflussen. So entstanden die meisten eigenständigen Beiträge Roms zur Baukunst erst nach seiner Zeit: die raumgreifenden Prachtanlagen der Kaiserforen, die gigantischen Gesellschaftsbauten wie Thermen, Bibliotheken, Stadien, Theater und Amphitheater – das Kolosseum für immerhin 70.000 Zuschauer – sowie der Triumphbogen als neues typologisches Element.

Dieser Prozess der Verschmelzung griechischer Formenwelt mit neuen römischen Konstruktionstechniken gipfelte 121 n. Chr. in dem unter Kaiser Hadrian erbauten Pantheon,

das mit 43,20 Metern Spannweite und einem stützenfrei überspannten Volumen von 46.000 Kubikmetern in der ganzen Antike nicht mehr übertroffen wurde. Mit den sechs Meter dicken, zweischaligen Wänden und der meisterhaft konstruierten Kuppel aus römischem Beton, vermischt mit leichtem vulkanischen Tuff- und Bimsstein, war es nicht nur eine unglaubliche Leistung der Ingenieurbaukunst, sondern mit seiner bis dahin absolut einmaligen Raumschöpfung und der ihr zugrunde liegenden inhaltlichen Konzeption ein wahres Meisterwerk der Baukunst.

Römische Bautechnik machte möglich, was den Griechen auf ihrem technologischen Stand noch versagt blieb: die Darstellung des Kosmos, die Nachbildung des Himmelsgewölbes mit dem Opaion, einer kreisrunden Öffnung von neun Metern Durchmesser, als Abbild der Sonne und den fünf Kassettenringen als Nachzeichnung der fünf Sphären des antiken Planetensystems. Ursprünglich befand sich auch in der Mitte jeder einzelnen der 112 Kassetten ein vergoldeter Stern und die sieben Absiden waren den Sterngöttern geweiht.

Vor allem aber materialisierte sich die kosmische Ordnung in der idealen Geometrie des Innenraums, die auf einer exakten Kreisform in Grund- und Aufriss basierte und dadurch wesentlichen Anteil an der staunenswerten Wirkung dieses Raumkunstwerks hatte.

Pantheon, Rom, um 120 n. Chr.

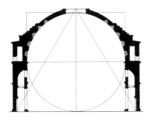

Unter Kaiser Hadrian entstand noch ein weiterer Höhepunkt der Baukunst, die Villa Adriana in Tivoli bei Rom mit
ihrer zwanglos in die Landschaft gebetteten Komposition
aus geometrischen Formen, Räumen, Plätzen und Gebäuden. Hadrian, der ein großer Freund der griechischen Architektur war, veranstaltete hier so etwas wie eine antike
Weltausstellung der Architektur seiner Zeit.

Insgesamt wurde also die bildhauerisch-plastische Frei-
raum-Baukunst der Griechen durch die konstruktiv basierte Innenraum-Baukunst oder Raumkunst der Römer
ergänzt und dadurch das Repertoire und die Sprache der
Alten Baukunst beträchtlich erweitert. Viele baukünstlerische Raumschöpfungen der späteren Zeit, von der Hagia
Sophia bis zum Petersdom, sind ohne die römischen Vorbilder nicht denkbar. Beide Grundtypen der abendländischen
Sakralarchitektur, die Basilika und der Zentralbau, gehen
auf die Römer zurück und damit ein geradezu überwälti-
gender Anteil der gesamten Baukunst.

Ordnung, Maß und Proportion behielten ihre zentrale Bedeutung, jetzt allerdings bezogen auf die menschlichen

34

Proportionen. Auch das kostbare Material blieb essenziell, aber mehr und mehr als Verblendung vor den schweren Mauerwerks- und Gussmörtelkonstruktionen, als dünnes Marmorfurnier.

Das gleiche Schicksal ereilte das Formenrepertoire der griechischen Hochsprache, das ja aus der Überhöhung des konstruktiven Systems von Balken und Stütze entstanden war. Weil die Römer mit ihrem Wand-, Bogen-, Arkaden- und Gewölbebau konstruktiv über diese einfache Form des Lastabtrags hinausgehen mussten (die großen Spannweiten der Hallenbauten waren mit dem Balken-Stützen-System nicht zu realisieren), zerfiel die Identität von Schmuckform und Konstruktionsform, löste sich das Schmuckkleid vom Tragkörper ab und zeigte nicht mehr den inneren konstruktiven Aufbau, wurde äußerlich, applizierbar, wurde zu einem seiner sakralen Ursprünge mehr und mehr entkleideten Dekorationssystem, das überall in der repräsentativen Sphäre einsetzbar und als allgemeines Zeichen für Repräsentation kanonisch wurde. Baukunst und Repräsentationsarchitektur waren zu einer Einheit verschmolzen und würden sich bis zum Ende der Alten Baukunst nicht mehr trennen.

In dieser entwickelten Form lag die römische Architektur dann zur Wiederentdeckung durch die Künstler der Renaissance bereit, als diese sich auf die Suche nach einem formalen Konzept oder einem architektonischen Ausdruck für den Beginn der Neuzeit begaben.

Aber bis zu dieser Wiederentdeckung sollten noch mehr als tausend Jahre vergehen. Nach dem Niedergang des römischen Weltreichs fiel ganz Europa zwischen 600 und 900 n. Chr. in ein Schwarzes Loch, zumindest kulturell. Die üblichen zivilisatorischen Spuren in dieser Zeit fehlen fast vollständig: Behausungen, Siedlungen, Gräber, Waffen, archäologische Funde – von dem Mirakel der Karolingischen Renaissance mit der Aachener Pfalzkapelle und wenigen anderen Bauten einmal abgesehen.

Erst um etwa 1000 n. Chr. betraten auch die Völker nördlich der Alpen die Bühne der Baukunst, und es gelang ihnen am Ende tatsächlich, eine künstlerisch gleichwertige Alternative zum griechisch-römischen Formenkomplex zu entwickeln.

Wieder erwies sich der Sakralbau als Träger – und Hüter – der Baukunst. Allerdings waren die neuen Kirchen in den ersten 150 Jahren noch maßgeblich von Solidität und Schwere geprägt, weil ihre Baumeister die wesentlichen Grundlagen der römischen Bautechnik übernahmen: die schwere Wandbauweise, den Rundbogen, den Pfeiler, die Säule und den Gewölbebau, darüber hinaus die Verwendung der einfachen geometrischen Formen und den Sinn für Monumentalität und Weiträumigkeit. Nicht zu vergessen – aus spätrömisch-frühchristlicher Zeit – die Basilika als Grundform. Im Nachhinein, erst 1818, wurde diese

Architektur daher von Auguste Le Prévost als Romanik bezeichnet.

Es kamen aber auch schon neue Elemente hinzu: die geometrische Ordnung des gebundenen Systems; die additive, einem Baukastenprinzip vergleichbare Fügung selbstständiger geometrischer Körper und Räume, die zu der typisch reichen Außengruppierung führte; die Integration des Turmes in den Korpus der Basilika, jedenfalls in den nördlichen Ländern, gesteigert dann oft zu mächtigen, vieltürmigen Silhouetten. Das war eine Parallelentwicklung zum profanen Burgenbau, der ja gleichzeitig aufblühte – der Dom als Burg Gottes: schwer, massiv, ein Bollwerk des Glaubens.

St. Michael, Hildesheim,
1010 – 1033 n. Chr.

Aber schon um das Jahr 1150 herum erwuchs aus diesen Grundlagen urplötzlich ein völlig entgegengesetztes baukünstlerisches Konzept: die Gotik.

Was damals stattfand, lässt sich in seiner Bedeutung nur mit dem »Urknall« des griechischen Tempels vergleichen:

— Wieder entstand in der sakralen Sphäre ein perfekter, bis ins kleinste Detail durchgearbeiteter Steinmetz-Gliederbau.

— Die dort geschaffene Formenwelt war völlig logisch aus der Konstruktion entwickelt und brachte deren charakteristisches Wesen zum Ausdruck.

— Detaillierung und Dekorationssystem waren integraler Bestandteil der architektonischen Struktur.

— Schon bekannte Elemente wie der burgundische Spitzbogen und das normannische Rippengewölbe wurden durch eine zündende Inspiration neu verknüpft und fügten sich zu einer völlig neuen Formenwelt.

Wenn man eine gotische Kathedrale betritt, erlebt man sofort und unmittelbar die Wirkung dieser die Gotik auslösenden Inspiration: Man betritt einen Raum aus farbigem Licht, man sieht einen Chor, »der förmlich hinter dem Wald seiner Pfeiler und Stützen erglüht«[9], einen entmaterialisierten, schwerelosen, himmelstrebenden Raum aus filigranen Pfeilerbündeln und zisieliertem Maßwerk mit riesigen, an einen psychedelischen Traum erinnernden Fensterflächen, die wie ein Filter die profane Außenwelt abschirmen und den Innenraum in eine vollendet inszenierte religiöse Sphäre verwandeln.

Es ging also nicht nur um mehr Helligkeit. Für Abbé Suger, mit dessen Umbau der Abtei von Saint-Denis bei Paris im Jahre 1144 die Gotik einsetzte, und für den mit ihm befreundeten Mystiker Hugo von St. Victor war »Licht

St. Denis bei Paris, Chor der Abtei,
ab 1144

gleichzusetzen mit Geist und somit eine Eigenschaft Gottes sowie der Beweis für die Kraft seines Wirkens«.[10] Hinzu kamen die ikonografischen Möglichkeiten der großen Fensterflächen als Vermittler religiöser Inhalte in einer Zeit, in der bis auf Priester und Gelehrte niemand lesen oder schreiben konnte.

Von daher wird verständlich, dass sich die neuen Errungenschaften dieses relativ kleinen Chorumbaus wie ein Lauffeuer verbreiteten und dass innerhalb von nur 50 Jahren das gotische Formensystem bis in alle Einzelheiten entwickelt war: Baubeginn der Kathedrale von Chartres war das Jahr 1194.

Sehr bald nach Saint-Denis entwickelte sich der hohe, extrem vertikal akzentuierte Raum der gotischen Kirchenschiffe, der sich zudem durch bis dahin nie gekannte Nachhallzeiten auszeichnete und in Verbindung mit den Chorgesängen der damaligen Zeit bei den Zuhörern einen geradezu überwältigenden akustischen Eindruck hinterlassen haben muss. Nimmt man noch den Geruch von Weihrauch und die erschlagende Fülle der visuellen Informationen durch die farbigen Fensterflächen hinzu, so war hier eine sinnliche Komplexqualität versammelt, die in der Sphäre der Baukunst ihresgleichen sucht.

Grundlage und Voraussetzung dieser neuen Formenwelt und der mit ihr verbundenen Raumwirkung war jedoch die neue *Konstruktion*, mit der tatsächlich der Sprung über die römische Bautechnik hinaus gelang. Sie setzte mit dem Spitzbogen ein viel geschmeidigeres Instrument der Wölbung ein, das sich den unterschiedlichsten Grundrissformen anpassen ließ: Zwei aneinandergelehnte Kreissegmente können bei gleicher Höhe der Scheitelpunkte ganz unterschiedliche Abstände, vor allem auch gebogene oder trapezförmige Grundrisssegmente überbrücken, was bei der römischen Archivolte, dem Halbkreis über Stützen, nicht möglich ist, ohne dass die Höhe der Scheitelpunkte ständig variieren.[11]

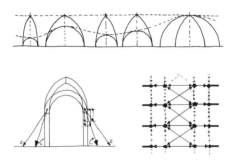

Gotische
Konstruktions-
prinzipien 1

Vor allem aber konnten mit den Spitzbogen der Seitenschub verringert und dadurch viel schlankere Wände und höhere Räume realisiert werden. Und schließlich machte das gotische Konstruktionsprinzip mit der Ableitung der Druck- und Schubkräfte des Gewölbes lediglich über die vier Eckpunkte des Rippenkreuzes (und dann weiter über die durch Dienste verstärkten Pfeiler innen und durch das System der Strebepfeiler außen) die Wand zwischen den Pfeilern statisch praktisch arbeitslos und schuf mit dieser tektonischen Entwertung der Wand erst die Voraussetzung für die an ihre Stelle tretenden großen Fensterflächen.[12]

Das Wesen der gotischen Konstruktion ist also eigentlich die Aufhebung der klassischen Trennung zwischen Balken und Stütze, zwischen horizontalem und vertikalem Lastabtrag. Im Idealfall besteht die Konstruktion nur noch aus schlanken, vertikalen Stäben, die sich am oberen Ende zueinander neigen oder vernetzen – und die leichte, membranartige Füllung der Kappen findet ihre Fortsetzung in der diaphanen oder vollständig verglasten Wand. Die Ausdehnung der Verglasung bis in die Gewölbekappen hinein wäre insofern die letzte, logische Steigerung der Gotik gewesen, lag aber damals noch außerhalb der konstruktiven Möglichkeiten.

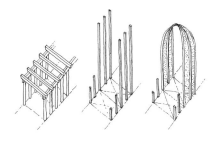

Gotische Konstruktionsprinzipien 2

Es wird oft gesagt, dass die Gotik eine Architektur von Konstrukteuren war, und tatsächlich gingen die Baumeister der Gotik mit ihren innovativen und kühnen Tragstrukturen und der Minimierung der Querschnitte und des Materialeinsatzes bis an die äußersten Grenzen dessen, was in Stein möglich war – und manchmal sogar darüber hinaus, wenn man die nicht unerhebliche Anzahl der eingestürzten Gewölbe bedenkt. Von daher waren sie tatsächlich Vorläufer der kühnen Ingenieurkonstruktionen des 19. Jahrhunderts, vielleicht – mit ihrer Tendenz zur Entmaterialisierung – sogar Vorläufer des 20. Jahrhunderts. Auch die Idee der Verlagerung von Teilen der Tragstruktur vor die Fassade wurde ja im 20. Jahrhundert wieder aufgegriffen, etwa von Le Corbusier in seinem Entwurf für den Sowjetpalast oder von Renzo Piano und Richard Rogers beim Centre Pompidou.

Trotzdem war die Konstruktion nicht der Ursprungsimpuls, nicht Ziel oder Zweck der Gotik. Das gesamte Konstruktionssystem war letztlich auf ein höheres Ziel ausgerichtet: die Schaffung eines gigantischen, himmelstrebenden, lichtdurchfluteten Einheitsraumes für sakrale Zwecke – und alle konstruktiven Innovationen dienten nur dem einzigen Zweck, diese Vision zu vervollkommnen.

Wenn aber auf diese Weise zum zweiten Mal in der Geschichte der Baukunst in und aus der sakralen Sphäre eine völlig neue Sprache der Architektur entstand: Warum setzte dann bei der Gotik nicht der gleiche Prozess der Säkularisierung und der Umwandlung in ein allgemeines Repräsentations- und Dekorationssystem ein wie bei der griechischen Sakralarchitektur?

Dafür gibt es funktionale, konstruktive und inhaltliche Gründe. *Funktional* gesehen, fanden sich für die gigantischen Einheitsräume der Kathedralen nur wenige Anwendungsmöglichkeiten im Profanbau: Ratssäle und Rittersäle etwa, bei denen gotische Konstruktionen ja auch zum Einsatz kamen. Aber selbst dort war die große Höhe solcher Räume aufgrund der Heizmöglichkeiten eher ein Problem als eine zweckdienliche Lösung. Und waren die Räume kleiner, wurde der besondere konstruktive Aufwand sofort sinnlos, weil man solche Räume auch konventionell überspannen konnte. Vor allem aber ergab der gotische Formenapparat nur Sinn, wenn man tatsächlich die Wände großflächig in Licht auflösen wollte. Das war aber im profanen Bereich aus Sicherheitsgründen nahezu ausgeschlossen, dort war angesichts der ständigen kriegerischen Auseinandersetzungen eher das Gegenteil gefordert.

Konstruktiv gesehen, verhinderten gerade die revolutionären Neuerungen der Gotik die Transformation ihrer Elemente in ein beliebig einsetzbares Repräsentationssystem. Die Gotik war ein integriertes Raumbausystem, bei dem die Trennung von Wand- und Deckenbau tendenziell aufgehoben war. Diese Verschmelzung von Raum- und Konstruktionsform verhinderte das Herauslösen und Freistellen von Teilelementen, das Voraussetzung für den Übergang von einem konstruktiven zu einem dekorativen Bauteil ist. Gotische Konstruktionen ließen sich wesentlich schlechter auftrennen, etwa in einen Portikus und einen ganz anders gearteten, dahinterliegenden Baukörper, oder gar in einzelne Komponenten wie etwa Säulenordnungen zerlegen, die dann als schmückende Bauteile einer massiven Wand vorgeblendet werden konnten.

So blieb für die Fassadengestaltung des Profanbaus nur der Zugriff auf das überreich entwickelte Dekorationssystem der Gotik selbst mit seinen filigranen Maßwerken, Wimpergen, Fialen, Tabernakeln, Kreuzblumen und Krabben. Doch diese Elemente konnten nie die assoziative Nähe zu ihrer Herkunft, dem Sakralbau, abschütteln.

Inhaltlich gesehen, ergab der psychologische Mechanismus, die Verehrung der Götter durch Verwendung sakraler Bauformen auf die eigene Person umzuleiten, wie er anhand der Entwicklung in Griechenland beschrieben wurde, im Falle der Gotik wenig oder gar keinen Sinn. Der vielköpfige Olymp der Griechen war die idealisierte Projektion des griechischen Menschenbildes, die neben der Unsterblichkeit und einer Vielzahl übermenschlicher Fähigkeiten auch sämtliche menschlichen Schwächen einschloss: Neid, Eifersucht, Missgunst, Eitelkeit, Rachsucht etc. In die assoziative Nähe dieser gänzlich amoralischen Götterversammlung durfte man sich als Herrscher durch die Verwendung sakraler Bauformen für den eigenen Palast durchaus bringen und damit eine Gottähnlichkeit postulieren. Sich hingegen mit dem christlichen Gott, dem Einzigen und Allmächtigen zu vergleichen, bedeutete etwas ganz anderes, wäre Blasphemie oder ein unverzeihliches Sakrileg gewesen, das schnell auf dem Scheiterhaufen enden konnte.

Vor allem aber war der Gott der Nächstenliebe, der Armut, Demut und Keuschheit, der sanfte, gänzlich unkriegerische, fast weibliche, den Frieden und das Jenseits predigende christliche Gott ein denkbar ungeeignetes Identifikationsobjekt für die Feudalherren nördlich und südlich der Alpen, denen es ausschließlich um Herrschaft, Macht und Reichtum ging. Ihnen und ihren Ambitionen waren die Griechen, vor allem aber die Römer und der nie ganz in Vergessenheit geratene Glanz des römischen Imperiums wesentlich näher, und in dem Moment, wo sie sich in der Lage sahen, an diese Tradition anzuknüpfen, griffen sie mit sicherem Instinkt auch auf deren Repräsentationsarchitektur zur Steigerung des eigenen Ansehens zurück.

Die Architektur der Gotik als der vollkommene Ausdruck der tiefen, teilweise mystischen Gläubigkeit der Christenheit im Mittelalter war für die beginnende Neuzeit, als Diesseitigkeit, Rationalität und profanes Denken die Oberhand gewannen, schlichtweg das falsche Ausdruckssystem.

DIE »WIEDERGEBURT« DER RÖMISCHEN ANTIKE

Die Künstler der Renaissance gingen also zurück. Sie entwickelten kein eigenes, neues Formkonzept, weil sie sich als berufene Nachfolger der römischen Kunst und Kultur verstanden – ähnlich den Führern der oberitalienischen Stadtstaaten, die sich als Nachfolger der römischen Herrscher fühlten und dies auch adäquat zum Ausdruck bringen wollten.

46

La Città Ideale, Tafelbild, Urbino, zwischen 1480 und 1490

Allerdings war ja die römische Baukunst, die sie jetzt adaptierten, selbst schon eine Adaption gewesen. Die Renaissance war nicht nur, wie Jakob Burckhardt schreibt, ein »abgeleiteter Stil«[13], sondern schon die zweite Ableitung: Nachdem das antike Rom in einem ersten Schritt das griechische Formenvokabular mit den eigenen konstruktiven und formalen Errungenschaften erweitert und zu etwas Neuem verschmolzen hatte, schufen nun die Künstler der Renaissance aus diesen altrömischen bis frühchristlichen Architekturelementen in Kombination mit ihren eigenen Formvorstellungen eine neuerlich erweiterte Ausdrucksform.

Dazu genügte es ihnen nicht, die glanzvollen Errungenschaften der italienischen Protorenaissance fortzusetzen, die sich bereits in den Dombauten von Pisa, Siena, Pistoia oder Florenz niedergeschlagen hatten, sondern sie wollten – wie die durch den Humanismus geprägte Zeit insgesamt – tatsächlich zur originalen Pracht und Größe des römischen Reiches zurück.

Die Wiederaufnahme und Fortsetzung der römischen Baukunst war jedoch schwieriger als gedacht: Von den großartigen Bauten des alten Rom waren nur noch Reste vorhanden (wenn auch wesentlich mehr als heute: Die schlimmsten Verwüstungen richtete ausgerechnet die in dieser Zeit einsetzende Bautätigkeit der Renaissancepäpste an) – und diese Überreste waren auch noch in einem erbärmlichen Zustand: »Das Forum, auf dem einst sich Senat und Volk versammelten, um Rom und der Welt Gesetz zu geben, war mit Küchengewächsen bepflanzt und diente Schweinen und Büffeln als Aufenthalt.«[14]

Giovanni Battista Piranesi, Ruine des Concordia-Tempels, Rom, um 1760

Die Humanisten und Künstler mussten also erst einmal archäologisch tätig werden und sich durch teils meterhohen Schutt wühlen, um den ehemaligen Stand der römischen Baukunst rekonstruieren zu können. »Keinem Architekten [der Renaissance] blieb das eigene Messen erspart«[15], stellt Jacob Burckhardt fest. Brunelleschi machte den Anfang, schon 1403, und alle anderen großen Architekten folgten: Alberti, Filarete, Rossellino, Francesco di Giorgio, Antonio und Giuliano da Sangallo ebenso wie Bramante, Raffael, Peruzzi und Palladio.

Ein weiteres Problem war, dass es zwar eine Vielzahl schriftlicher Überlieferungen gab – der Humanist Flavio Biondo wertete für seine Schriften *Roma instaurata* und *Italia illustrata* »gut dreihundert antike Titel«[16] aus, um aus der

Trümmerlandschaft das Bild des antiken Roms zurückzugewinnen, und wurde damit einer der Begründer der modernen Archäologie[17] –, dass diese Texte aber eher literarischer Natur waren, also ohne exakt nachvollziehbare Angaben zu Raumfolgen, Maßverhältnissen oder Außenansichten.

Die einzig substanzielle Quelle waren die schon erwähnten *Zehn Bücher über Architektur* des römischen Architekten Vitruv, die aber nach der Zeit Karls des Großen, in der zahlreiche Kopien angefertigt worden waren, wieder in Vergessenheit geraten waren. Erst durch die Frühhumanisten Francesco Petrarca und Giovanni Boccaccio wurde das Augenmerk wieder auf seinen Traktat gelenkt, und etwa 50 Jahre später, 1416, entdeckte Poggio Bracciolini im Kloster St. Gallen eine besonders gut erhaltene und relativ vollständige Abschrift. Bei der Hochachtung, die man in den italienischen Humanisten-Kreisen, zu denen auch Leon Battista Alberti zählte, »allem zollte, was das römische Altertum hervorgebracht hatte«[18], war es nicht verwunderlich, dass man sich ausführlich mit dieser Kostbarkeit zu beschäftigen begann.

Umso größer muss die Enttäuschung gewesen sein, als die in diesem Handbuch beschriebenen Bauten so gar nicht der Vorstellung entsprachen, die man sich von der römischen Baukunst gemacht hatte. Die wichtigste und großartigste Errungenschaft, die Rundbogen- und Gewölbearchitektur, tauchte überhaupt nicht auf, und die bedeutendsten noch vorhandenen Gebäude, das Pantheon, das Kolosseum oder die Thermen wurden nicht einmal erwähnt. Vieles wurde anders dargestellt, als sie es bei ihren Messungen an den Ruinen festgestellt hatten – andere Proportionen, andere Schmuckformen, andere Details –, vieles blieb unklar und verworren.

Die offenkundige Diskrepanz zwischen Theorie und real vorhandenen baulichen Überresten löste daher schon bald eine langanhaltende »wissenschaftliche« Forschung aus, die 1542 sogar in der Gründung einer Vitruvianischen Akademie gipfelte – ohne dass es jedoch gelungen wäre, eine einheitliche und verbindliche Lehrmeinung zu formulieren. Die letztlich unüberwindliche Distanz von fast 1500 Jahren und die Wissenslücken, Defizite und Missverständnisse in der Rezeption bewirkten, dass die führenden Architekten der Renaissance von Anfang an improvisieren mussten und »das Altertum nie anders denn als Ausdrucksmittel für ihre eigenen Bauideen«[19] benutzen konnten.

So waren für Alberti und seine Zeitgenossen die bedeutendsten Tempel der Römer das Pantheon, der Doppeltempel der Venus und Roma und die von ihm für ein »templum etruscum« gehaltene Maxentiusbasilika, während die heute das Forum prägenden Ruinen des Saturn-, des Vespasian-, des Castor-Tempels oder die Front des Tempels der Faustina kaum mit dieser Bauaufgabe in Verbindung gebracht wurden. Hinzu kamen noch weitere Rundbauten: Santa Costanza, San Stefano Rotondo und der Tempel der Minerva Medica, in Wirklichkeit ein spätantiker Pavillon in den ehemaligen Licinianischen Gärten. Alle diese für Tempel gehaltenen Gebäude waren gewölbt und durch einen gewaltigen zentralen Innenraum geprägt, entweder mit Nischen (Pantheon) oder mit Seitenkammern (Maxentiusbasilika). So konnte Alberti bei seinem eigenen Projekt für Sant' Andrea in Mantua mit gutem Gewissen behaupten, eine antike Tempelform wiederbelebt zu haben.

Auch der oft schon dekorative Umgang der römischen Architekten mit den strukturellen Elementen der griechischen Architektur musste – dem Augenschein folgend – als selbstverständlich angenommen werden, die innere Mechanik in dem Zusammenspiel von Konstruktion, Funktion und Dekor wurde gar nicht mehr thematisiert. Was Alberti in *De re aedificatoria*[20] (*Über das Bauwesen*) theoretisch formuliert, die Ablösung der Schmuckform von der Bauform, spiegelt nur den Bewusstseinsstand aller führenden Architekten der Renaissance wider: Sie sahen in den römischen Ruinen – neben dem technisch-konstruktiv verwertbaren Wissen – vor allem ein großartiges Reservoir an Schmuck- und Repräsentationsformen, durch deren Verwendung sie an den Glanz der Römerzeit anknüpfen konnten. Die ganze in ihnen gespeicherte Herkunft aus den konstruktiven und sakralen Ursprüngen war weitgehend in Vergessenheit geraten. Oder anders gesagt: Das klassische Vokabular war nicht mehr deshalb bedeutsam, weil es ursprünglich aus der sakralen Sphäre stammte, sondern weil es jetzt Größe und Pracht der römischen Antike symbolisierte.

So war es nur logisch, dass dieses Vokabular gleichermaßen im Sakral- wie im Profanbau eingesetzt wurde. Zum Beispiel wurde der Giebel »nicht mehr den geistlichen Gebäuden vorbehalten, sondern auch auf Fenstern und Türen der Paläste angebracht«.[21] Bei Palladio wurde später sogar der gesamte Portikus zum bestimmenden Element der Villenarchitektur. Umgekehrt verwendete etwa Alberti das gänzlich profane Motiv des Triumphbogens zweimal an seinen Kirchenfassaden, bei S. Francesco in Rimini direkt, bei Sant' Andrea in Mantua kombiniert mit der klassischen Tempelfront.

Fast alle klassischen Bauteile und Schmuckelemente konnten jetzt beliebig, in verschiedenen Maßstäben und unterschiedlichen Zusammenhängen variiert und miteinander kombiniert werden. Weil sich die Inhalte, die einst eine strengere Verknüpfung hervorgebracht hatten, weitgehend verflüchtigt hatten, konnte an deren frei gewordene Stelle das *Ästhetische* als entscheidender Maßstab der Beurteilung treten. Beim Umgang mit dem Vokabular zählte nur noch die Schönheit und Prächtigkeit seiner Anwendung: Die ästhetische Ausstrahlung des Gebäudes wurde zu einem autonomen Wert.

So setzte sich der psychologische Mechanismus der Verschiebung, den wir schon beim Übergang von der Sakral- zur Repräsentationsarchitektur kennengelernt hatten, weiter fort: Ruhm des Bauherrn jetzt durch *Schönheit* des Gebäudes.

Kaum eine Zeit sprach diesen Zusammenhang so unverhohlen aus und setzte ihn so offen für ihre Zwecke ein wie die Renaissance: »Nur bei vollkommenen Gebäuden geht die Bewunderung auch auf den Erbauer über.«[22] In allen Bereichen trat im Zuge der Verweltlichung der »Ruhmsinn«[23], wie Burckhardt dieses zentrale Motiv etwas altertümlich nennt, hervor: bei den Päpsten wie bei den fürstlichen Herrschern, bei den Städten und Kommunen wie bei kirchlichen und profanen Institutionen, schließlich bei geistlichen Herren ebenso wie bei reichen Privatleuten. Burckhardt widmet ihr das ganze erste Kapitel seiner *Geschichte der Renaissance* und bringt zahlreiche Zitate, von denen hier nur eines angeführt sei: Philippo Strozzi »will durch einen Bau sich und seinem Geschlecht einen Namen machen auch über Italien hinaus«.[24] Genau das ist ihm im Übrigen ja auch gelungen.

Aber auch Alberti zählt die Baukunst »unter die vornehmsten Mittel [des Fürsten], seinen Namen und Nachruhm zu verbreiten«.[25] Und Antonio Manetti schreibt 1471, schon »im Altertum sei man an die Errichtung von Prachtbauten gegangen, um Ruhm zu erwerben, Glanz zu entfalten und Bewunderung zu wecken«.[26] So wurde die Baukunst auch von den Bauherren der Renaissance ganz selbstverständlich als Mittel eingesetzt, Ruhm zu erlangen, und die Architekten – so noch einmal Manetti – »wandern und lassen sich rufen dahin, wo Reichtum und Macht ist und wo man etwas ausgeben mag«.[27]

EUROPÄISCHE KLASSIK

Um 1510, fast 90 Jahre nach den ersten, bahnbrechenden Versuchen Brunelleschis, war die »Wiedergeburt« der griechisch-römischen Formenwelt weitgehend abgeschlossen, das antike Vokabular war in den Rang einer offiziellen Staatssprache aufgestiegen. Vitruv blieb trotz aller Probleme ein wichtiges Nachschlagewerk, ebenso war es inzwischen selbstverständlich, die noch vorhandenen antiken Ruinen vor Beginn jeder neuen Bauaufgabe zurate zu ziehen: Wie hatten es die Römer gemacht? Oder häufiger, da für die meisten Aufgaben ein konkretes Beispiel eben doch nicht mehr vorhanden war: Wie hätten es die Römer gemacht?

Es war die Zeit der großen Projekte und hochfliegenden Pläne: Bramantes Entwurf für den Belvederehof im Vatikan orientierte sich am Vorbild des Fortunatempels von Palestrina (vormals Praeneste), die Villa Madama von Raffael knüpfte mit ihrem weitläufigen Raumprogramm an die imperiale Villenarchitektur Roms an. Man kann sich gut vorstellen, wie Raffael, Bramante und die Brüder Sangallo immer wieder die römischen Ruinen durchstreiften und nicht deren trostlosen Zustand, sondern den ehemaligen Glanz vor ihrem geistigen Auge sahen, oder wie sie nächtelang diskutierten und Pläne für neue Projekte im Sinne der Wiederherstellung römischer Größe schmiedeten.

Es dürfte aber auch zu heftigen Kontroversen gekommen sein, denn das Bild, das der Denkmalbestand überlieferte,

wich nicht nur stark von Vitruv ab, sondern war auch in formaler Hinsicht äußerst uneinheitlich. Die Spannbreite reichte von so strengen Bauten der Frühzeit wie dem Tempel der Fortuna Virilis (ca. 100 v. Chr.), den Vitruv noch gekannt hatte, über die klassisch-majestätische Größe des Pantheon (ca. 120 n. Chr.) bis zu dem mit Schmuck und Dekor überzogenen Triumphbogen Kaiser Konstantins (315 n. Chr.).

Da die zeitgenössischen Künstler die genauen Datierungen oft nicht kannten und daher die Zuordnung in Früh-, Hoch- und Spätphase vielfach nicht eindeutig vornehmen konnten, waren Interpretation und Auslegung der jeweiligen Unterschiede wahrscheinlich ein unerschöpfliches Thema. Die Unterschiedlichkeit in den Projekten der einzelnen Künstler spiegelt insofern jeweils auch ihre spezielle Interpretation der römischen Antike wider. Während Bramante sich eher an den klassischen Vorbildern orientierte, zeigte Raffael eine entschiedene Vorliebe für die Architektur der Spätphase und leitete damit bereits jene Veränderung der Formensprache ein, die Kunsthistoriker später als manieristisch bezeichnen würden.

Real und damit auch für die Allgemeinheit sichtbar wurde der Durchbruch der neuen Formensprache bereits mit der 1502 fertiggestellten Ikone der neuen, römischen Moderne, dem Tempietto San Pietro in Montorio von Bramante. Auffallend und erhellend ist, dass die funktionalen Anforderungen an dieses kleine Bauwerk in ähnlicher Weise in den Hintergrund traten wie später etwa beim

Petersdom, Rom, Kuppel,
1547–1590

Barcelona-Pavillon von Mies van der Rohe. Bedeutsam ist ebenfalls, dass Bramante trotz aller Antiken-Verehrung eben keine Kopie – etwa des Tempels der Vesta – lieferte, sondern eine ganz und gar originäre Schöpfung, die in ihrer Bildhaftigkeit viele nachfolgende Architekten beeinflusste.

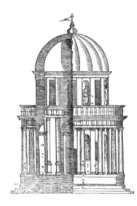

Auch bei seinem größten Projekt, dem Neubau von St. Peter, ging er über das bis dahin unübertroffene Vorbild des Pantheons hinaus. Zwar musste auch die größte Kirche der Christenheit jetzt zwingend ein Zentralbau sein und der Kuppeldurchmesser exakt dem des Pantheon entsprechen, aber die riesige Zentralhalle wurde durch Überlagerungen mit dem griechischen Kreuz, die wahrscheinlich auf Skizzen Leonardo da Vincis zurückgehen, noch wesentlich erweitert und durch Ecktürme nach Mailänder Tradition ergänzt. Mehr noch als der Tempietto machte die Übertragung dieser größten Bauaufgabe der damaligen Zeit an einen Vertreter der neuen, römisch-antiken Formensprache den Sieg dieses formalen Systems über die mittelalterliche Baukunst für die Gesamtheit des europäischen Abendlandes unübersehbar – und gleichzeitig seine allgemeine Anwendung von diesem Zeitpunkt an dann auch verbindlich.

Der Bau von St. Peter, der sich bis zu seiner Fertigstellung noch 100 Jahre hinzog, blieb in diesem Zusammenhang das architektonische Großereignis der gesamten Epoche. Eine ähnliche Bedeutung erlangte später nur noch Versailles für den Bereich des Schlossbaus. Dass ein solcher Bau jetzt möglich war, demonstrierte auch den erneuten Aufstieg Roms zu einem der führenden politischen Machtzentren Europas, wobei – ähnlich wie beim Gottkaisertum 1500 Jahre zuvor – kirchliche und profane Herrschaftsform in eins fielen.

Und nicht zuletzt hatten die unermesslichen Kosten, die mit einem so gigantischen Bauwerk verbunden waren und die unter anderem zu einem immer dreister werdenden Ablasshandel führten, einen wesentlichen Anteil am Ausbruch der Reformation in Deutschland und damit an der grundlegenden religiösen und politischen Neuordnung Europas in den folgenden 200 Jahren.

Michelangelo

Eng mit dem Bau des Petersdoms verbunden ist auch der Name Michelangelos, der dem Fortgang des Baues die letzten 17 Jahre seines Lebens widmete. Sein Eintritt in die Architektur war für die weitere Entwicklung des klassischen

Vokabulars von ausschlaggebender Bedeutung, denn – so Heinrich Wölfflin – »er behandelt die Formen sofort mit souveräner Rücksichtslosigkeit. Sie werden nicht mehr um ihren Sinn befragt, sondern dienen einer Komposition, die lediglich auf bedeutende plastische Kontraste, auf das große Zusammenwirken von Licht und Schatten ausgeht.«[28] Gemeint ist damit, dass die architektonischen Elemente bei Michelangelo aus ihrem strukturellen Zusammenhang gerissen und für rein plastisch-künstlerische Zwecke vereinnahmt wurden: Die Architektur geriet unter die Herrschaft der Bildhauerei, sie wurde skulptural.

Für die Malerei hatte Michelangelo – der ja als Bildhauer begonnen hatte – diese Herangehensweise schon vorexerziert und die Sixtinische Kapelle in eine riesige gemalte Skulpturengalerie verwandelt, in der jede einzelne Figur auch als Vorlage für eine grandiose Plastik hätte dienen können. In ähnlicher Weise ließ er sich auch bei der Medici-Kapelle oder der Biblioteca Laurenziana nicht von architektonischen Regeln oder vitruvianischen »Ketten und Schlingen«[29] in seiner ganz persönlichen Manier beschränken.

In der Biblioteca Laurenziana sieht man Säulen, die in Nischen verbannt werden, anstatt vor die Wand zu treten und das Gebälk zu tragen; schlaffe, rein dekorative Konsolen, die ebenfalls nichts tragen; eine Innenwandausbildung als Außenfassade mit aufgesetzten Blindfenstern; seitliche Einfassungen dieser Fenster, die sich nach unter verjüngen, gleichsam »hängende« Pilaster, die noch dazu nur im

Michelangelo, Biblioteca Laurenziana,
Florenz, 1523–1560

mittleren Drittel kanneliert sind. »Das Lastende hat kein Gewicht, das Stützende trägt nicht«[30], schrieb Nikolaus Pevsner. Alle Kunsthistoriker hatten mit diesen bedenkenlosen und willkürlichen Regelverstößen größte Schwierigkeiten. Jacob Burckhardt sprach von einem »unbegreiflichen Scherz des großen Meisters«[31], von einem »offenen Hohn gegen die Formen«[32] und grollte: »Er befreite die Kunst mehr als gut war.«[33]

Ein weniger bedeutender Künstler wäre mit dieser exzentrischen Formensprache schnell wieder in der Versenkung verschwunden. Aber Michelangelo war nicht irgendein Künstler! Als um 1525 die Biblioteca Laurenziana gebaut wurde, waren Bramante, Leonardo da Vinci und Raffael bereits gestorben und Michelangelo als Schöpfer des David, der Pieta, des Moses und der Sixtinischen Kapelle auf dem Höhepunkt seines Ruhmes. Was *er* vormachte, wurde nicht einfach abgetan. Wenn *er* die Regeln brach, durften es auch die anderen. Er legitimierte sozusagen die Lizenz, die Freiheit des Umgangs mit den Formen, und die Zeitgenossen und Parteigänger wie etwa Giorgio Vasari begrüßten sie »als eine Erlösung«.[34]

So löste Michelangelo einen Dammbruch aus: Man konnte in Zukunft ungestraft verdoppeln, vergrößern, verformen, verzerren, verdrehen, überlagern, brechen, sprengen, verbiegen – als logische Konsequenz einer von den ursprünglichen Inhalten und Funktionen befreiten, rein plastisch behandelten Autonomie der Form. Zumindest war die

Möglichkeit eines solchen Umgangs mit dem klassischen Vokabular jetzt in der Welt, ließ sich nicht mehr rückgängig machen und öffnete Tür und Tor für all jene Künstlerkollegen, denen es wie etwa Baldassare Peruzzi, Giorgio Vasari, Antonio Ammanati oder Bernardo Buontalenti nicht mehr ausreichte, einfach nur »römisch-korrekt« zu bauen. Giulio Romano war der bedeutendste unter ihnen, Maler und Schüler Raffaels und schon von daher mit der spätantiken Lockerung der Form vertraut.

Der neue, freiere Umgang mit den Formen war zum Teil aber auch die Antwort auf einen sich mehr und mehr verfestigenden Dogmatismus in der Theorie. Kurz vor und nach der Gründung der Vitruvianischen Akademie um 1542 tauchten aus der Feder von Sebastiano Serlio und Giacomo Barozzi da Vignola die ersten Säulenbücher mit exakten Maßen und »Anweisungen für ihre Anwendung«[35] auf. Diese Gängelung war sicherlich nicht nur Michelangelo ein Dorn im Auge. Je dogmatischer die Theorie, desto freier wurde die Praxis.

Der Ausflug in die Architektur blieb für Michelangelo selbst zunächst eine Episode. 1527 wurde Rom durch deutsche, spanische und italienische Söldner geplündert, die Finanzen der Päpste waren ruiniert und daher die baulichen Aktivitäten auf einem Tiefstand. So dauerte es mehr als 20 Jahre, bis der inzwischen schon 70-jährige Michelangelo als Nachfolger von Antonio da Sangallo wieder mit architektonischen Aufgaben betraut wurde: mit der Fertigstellung des Palazzo Farnese, mit der Gestaltung des Kapitols und vor allem mit der Fortsetzung der Bauarbeiten am Petersdom.

Dort ging es inzwischen nicht mehr um skulpturale Innenraumgestaltung, sondern um die gewaltigen Massen des Gesamtbaukörpers. Das tat dem bildhauerischen Genie, mit dem Michelangelo diese Massen dann organisierte, keinen Abbruch, aber es disziplinierte ihn: Die willkürlich-dekorative Komponente trat in den Hintergrund. Man sieht dies deutlich an dem Gegensatz zwischen den formalen Exaltiertheiten, die er sich auch jetzt noch bei kleinen Bauaufgaben wie der Porta Pia leistete und die dann von den Nachfolgern als formaler Steinbruch benutzt wurden, und der strengen Kolossalordnung des Außenbaus von St. Peter, die eher an Albertis Sant' Andrea in Mantua erinnert.

Die Art der plastischen Durchbildung der Fassade – und natürlich auch der grandiose Entwurf der krönenden Kuppel – beeinflussten die Architektur nicht nur der nächsten 80 Jahre in Rom, sondern in Wellenbewegungen auch die der nächsten 300 Jahre in ganz Europa. Vignola, Giacomo della Porta und Maderno, wichtige Architekten der nächsten Generation, standen unter Michelangelos direktem Einfluss, schon deshalb, weil sie alle nacheinander die Arbeiten am Petersdom fortführten.

Michelangelos Einfluss – er starb 1564 – war aber auch noch in der übernächsten Generation ab 1630 spürbar, bei

Gian Lorenzo Bernini, Francesco Borromini und Pietro da Cortona. Borromini arbeitete als Steinmetz noch an der Fertigstellung von St. Peter und reagierte dann mit seinen eigenen Bauten auf den dritten, bisher noch nicht thematisierten Aspekt, den Michelangelo in die Architektur eingebracht hatte: *Dynamisierung.* Ganz ohne Zweifel ist Borromini ohne die gewaltig in Schwingungen versetzten Baumassen der Absiden von St. Peter – die noch Le Corbusier in *Vers une Architecture* zu wahren Hymnen veranlassten – nicht denkbar. Aber es bedurfte seiner speziellen künstlerischen Auffassungsgabe, um diese wogenden Wandmassen nicht nur wahrzunehmen, sondern in eine ganz eigenständige Architektur umzusetzen, wie es ihm dann bei den Kirchen St. Ivo und San Carlo alle Quattro Fontane gelang. Im Übrigen ging auch die Verwendung der Ellipse als bestimmendes Element bei Borromini – und in der weiteren Entwicklung des Barock – zum Teil auf Michelangelo zurück, der sie beim Pflaster des Kapitolsplatzes eingesetzt hatte.

Michelangelo Buonarroti,
Absiden von St. Peter,
Rom, 1547–1564

Bernini wiederum griff bei seinem berühmtesten Architekturbeitrag, den Kolonnaden des Petersplatzes, auf die perspektivische Verkürzung zurück, die Michelangelo ebenfalls bereits bei der Randbebauung des Kapitolsplatzes eingeführt hatte. Vor allem aber war er, der größte Bildhauer seiner Zeit, dem skulpturalen Erbe Michelangelos verpflichtet. In vielerlei Hinsicht setzte er als Bildhauer die Großartigkeit des Außenbaus im Inneren von St. Peter fort.

Pietro da Cortona schließlich orientierte sich mit dem Innenraum der Kirche Santi Luca e Martina auch an den von Michelangelo umgebauten Diokletiansthermen. Dass Michelangelo insgesamt für die Kontinuität und den Wandel der neuen Formensprache von 1520 bis 1660 eine so bedeutende Rolle spielte, hing – unabhängig von seiner Ausnahmeerscheinung als Künstler – nicht zuletzt mit seiner extrem langen Lebens- und Schaffenszeit zusammen: Er wurde 89 Jahre alt.

Noch wichtiger ist – und auch dafür steht er als herausragendes Beispiel –, dass die gesamte neue Architektur von Anbeginn an nicht von Architekten hervorgebracht wurde, sondern von darstellenden Künstlern: Brunelleschi war Goldschmied, Alberti Humanist und Literat, Bramante, Leonardo da Vinci und Raffael Maler, Giulio Romano desgleichen, Michelangelo Bildhauer und Maler, Bernini und Ammanati Bildhauer, da Cortona Maler. Es konnte für die Architektur nicht ohne Folgen bleiben, dass für diese Künstler das strukturelle und konstruktive Element bei der Gestaltung kaum eine Rolle spielte, sondern eben das Malerische oder das Plastische, die künstlerische Wirkung.

Dadurch wird einerseits die besondere Begeisterung, die diese Architektur in allen Kreisen der Bevölkerung hervorrief, verständlich, andererseits aber auch die Unfähigkeit der Protagonisten, auf veränderte konstruktive, materielle und funktionale Anforderungen zu reagieren, als diese sich gegen Ende des Klassizismus immer drängender stellten.

Die Dominanz der bildenden Künstler erklärt auch die mit dem Designo-Begriff Vasaris umschriebene Tendenz zum Gesamtkunstwerk, also zum Zusammenspiel von Malerei, Skulptur und Architektur, die in dieser Zeit erneut aufblühte und die alle Sinne gleichzeitig ergreifende Wirkung in den Mittelpunkt der künstlerischen Inszenierung rückte.

Palladio

Es gab allerdings einen Architekten, der fast gleichzeitig mit Michelangelo, zwischen 1550 und 1580, seine wichtigsten Bauten realisierte und der die weitere Entwicklung der europäischen Klassik vielleicht noch stärker beeinflusst hat als Michelangelo, obwohl – oder gerade weil – er von seiner Ausbildung her kein bildender Künstler, sondern Mitglied der Maurer- und Steinmetzzunft war: Andrea Palladio.

Dieser Architekt, geboren 1508, verkörperte in vielerlei Hinsicht eine grundlegende Alternative zu Michelangelos

Persönlichkeit und Werk. Für Palladio waren Fragen der Funktion und der Konstruktion, mit denen sich der Architekt – auch gemäß Vitruv – zu beschäftigen hatte, selbstverständlicher Bestandteil der Berufspraxis und nicht minder wichtig als das Aussehen der Gebäude.

Er studierte die antiken Ruinen daher nicht nur in formaler, sondern auch in technischer Hinsicht, und er studierte sie wesentlich gründlicher, zwei Jahre lang: Sie waren für ihn – als Zeugnisse einer überlegenen Kultur, in deren Nachfolge er sich sah – gewissermaßen die wissenschaftlichen Grundlagen seiner Arbeit. Er wollte fortsetzen, nicht sofort und um jeden Preis übertreffen.

So bewahrte er sich das Verständnis für die große Rolle, die Maßverhältnisse, Proportionen und Symmetrien in der gesamten Antike und demzufolge auch bei Vitruv und Alberti gespielt hatten, und entwickelte sich im Laufe seines Lebens zu einem ausgewiesenen Fachmann auf diesem Gebiet. Allen seinen Bauten lagen genau definierte Proportionsregeln zugrunde, sie gehörten zu den elementaren Grundlagen seines Entwurfssystems, und ihre Anwendung trug entscheidend zur Ausstrahlung seiner Architektur bei.

Während Michelangelo sich keinen Deut um solcherart Vorschriften und Regeln kümmerte, sie sogar verachtete und alles seiner Eingebung unterordnete, während seine Architektur daher von teilweise gewaltsamer Spannung und Dynamik geprägt war, triumphierten bei Palladio Aus-

Andrea Palladio, Villa Rotonda,
Vicenza, 1567–1569

gewogenheit und Harmonie. Sie machten die schönsten seiner Bauten in weit höherem Maße als Michelangelos Werk zum Inbegriff klassischer Architektur. Hier lassen sich eher Parallelen zu Bramante ziehen, dessen Tempietto Palladio als einzigen zeitgenössischen Beitrag in seine *Quattro libri dell'Architettura* und die dortige Aufzählung antiker Tempel aufnahm.

Für die Weiterentwicklung des griechisch-römischen Formenkomplexes lag Palladios größtes Verdienst in der vollständigen Integration der klassischen Tempelfront in den Kanon der neuen Architektursprache. Das galt für den Sakralbau und den Villenbau gleichermaßen. War noch Alberti mit der Fassade von Sant'Andrea in Mantua an der Aufgabe gescheitert, die unterschiedlichen Systeme von Tempel und Basilika zu einer Einheit zu verschmelzen, sodass die Belichtungsöffnung des erhöhten Mittelschiffs die Giebelfront unschön überragt, gelang es Palladio mit seinen zwei venezianischen Kirchen Il Redentore und San Giorgio, das Tempelmotiv und den Basilika-Querschnitt in verschiedene, sich überlagernde und teilweise durchdringende Ebenen zu staffeln und so eine erstaunliche Synthese zu erreichen, bei Il Redentore mit deutlichen Bezügen zum Pantheon, wie Wittkower zeigt.[36]

Ebenso erreichte er durch immer neue Anläufe und Variationen in seinen Villenbauten schließlich eine vollständige Integration dieses eigentlich fremden Elements in den Gesamtaufbau der klassischen Villa, sodass er am Ende

Andrea Palladio,
San Giorgio Maggiore,
Venedig, 1566–1610

nicht nur einen vollständig neuen Typus, sondern mit der Villa Rotonda auch gleich dessen idealste Verkörperung hervorbrachte.

Das war deshalb von besonderer Bedeutung für die Weiterentwicklung des klassischen Erbes, weil Palladio hier nicht nur mit einzelnen Vokabeln oder Säulenordnungen arbeitete, sondern einen ganzen Gebäudebereich – und noch dazu das zentrale Motiv des griechischen Tempels, die Vorderfront oder den Portikus – für die neue Zeit adaptierte und so für gänzlich andere Kontexte verfügbar machte – und zwar nicht als totes Zitat, sondern als überaus lebendiges und extrem wandlungsfähiges Element des zukünftigen Repertoires.

Der Einfluss Palladios in den nächsten 300 Jahren war immens. Der Palladianismus breitete sich im Laufe der Zeit über ganz Europa und Teile Nordamerikas aus, beginnend schon ganz früh in England mit Inigo Jones, der mit seinem The Queens House, 1616–35, eine verblüffend eigenständige Adaption palladianischer Villenbauten vorlegte. Eine Zeitlang geriet England dann zwar durch Christopher Wren, John Vanbrugh und Nicholas Hawksmoor unter den Einfluss der schweren römischen Spielart, aber ab 1720 kehrte der Palladianismus mit Colen Campbell, William Kent und Lord Burlington mit verstärkter Kraft zurück und ging dann in einen allgemeinen Klassizismus englischer Prägung über, wie er sich etwa in der Gestaltung von Bath niedergeschlagen hat.

Versailles

Anders verlief die Entwicklung in Frankreich. Über Serlio und seine Veröffentlichungen wurde der römische Stil von Bramante, Peruzzi, Vignola, Giacomo della Porta und anderen schon früh bekannt und setzte sich in seinen barocken Weiterentwicklungen bis Mitte des 17. Jahrhunderts in der Fassadengestaltung der Schlösser und Kirchen durch. Typisch französisch blieben aber bis dahin die steil aufragenden Dächer mit ihrem additiven, die einzelnen Flügel und Pavillons abbildenden Charakter, wie er etwa in den Schlössern von Vaux-le-Vicomte oder Maisons-Laffitte sichtbar wurde.

Wenig später gingen dann Macht und politische Führung in Europa endgültig von Rom auf den französischen Absolutismus unter Ludwig XIV. über, und es wurde Aufgabe der Architektur, dies auch sichtbar zu machen. Ernst H. Gombrich schreibt dazu: »Die römische Kirche stand nicht allein mit ihrer Entdeckung, dass man die Kunst dazu

verwenden kann, Menschen zu beeindrucken, ja zu über-
wältigen. Die Könige und Fürsten im Europa des 17. Jahrhunderts waren ebenso sehr darauf aus, ihre Macht zur
Schau zu stellen, um der Menge zu imponieren.«[37] Dazu bedurfte es allerdings einer ähnlich architektonischen Groß-
tat wie der des alles dominierenden Petersdoms und so
entstand von 1668 bis 1678 vor den Toren von Paris das Vorbild aller späteren absolutistischen Residenzen: Versailles.

Neben seiner gigantischen Ausdehnung war bezeichnend,
dass jetzt auch die typisch französische Dachlandschaft,
wie sie noch im integrierten Altbestand des Marmorhofes
erhalten ist, außen einer geschosshohen römischen Attika
mit klassischem Figurenschmuck weichen musste. Die Dynamisierung der Formen und Massen, wie sie zur gleichen
Zeit bei Bernini und Borromini in Rom stattfand, wurde
allerdings nicht übernommen. Die Außenarchitektur blieb
streng, förmlich, verschlossen, monumental. Man spürt
auch die Schwierigkeit, solche Massen zu bewältigen, immerhin hatte jedes Stockwerk in Versailles »nicht weniger
als 123 Fenster, die auf den Park hinausblickten«.[38]

Die zur Gliederung benutzten Mittel blieben aber im Prinzip römisch: die Hervorhebung eines Hauptgeschosses, die

Claude Perrault,
Louvre-Fassade,
Paris, 1667–1674

Bildung von Risaliten mit Betonung der Mitte, die Ausbildung des Erdgeschosses insgesamt als Sockel mit Rustika, die schon erwähnte Attika. Hinzu kam die Entwicklung des französischen Fensters zwischen Pilastern oder Mauerstreifen durch Louis Le Vau, die sich dann im Schlossbau in ganz Europa durchsetzte.

Die »distanzierende Macht des Absolutismus«[39] zeigte sich schon vor Versailles an der Auswahl der Louvre-Fassade. Claude Perrault setzte sich hier mit einer extrem strengen Monumental- und Kolossalarchitektur gegen die anmutigen Fassadenentwürfe des extra aus Rom herbeigerufenen Bernini durch. Eine solche Architekturauffassung lag auf der Linie der vier Jahre später, 1671, erfolgten Gründung der Académie royale d'architecture, die eine »ordre général« für eine »beauté universelle«, also eine »normative Architekturästhetik«[40] begründen sollte. Dies geschah – wie nicht anders zu erwarten – durch die gemeinsame Lektüre von »Vitruv, Palladio, Scamozzi, Vignola, Serlio, Alberti, Viola, Cataneo«.[41] Mit dieser klassischen, wissenschaftlichen Ausrichtung der Architektur blieb die Akademie in den nächsten 200 Jahren für die französische Architektur bestimmend.

Dies galt allerdings nur für den Außenbau. Im Inneren war von strenger Ordnung – gerade am Hof des Sonnenkönigs – nichts zu spüren, hier wurde mit »üppiger, sinnenberauschender Pracht«[42] die Bühne für das höfische Zeremoniell inszeniert. Fast naturgesetzlich musste

Jules Hardouin-Mansard, Spiegelsaal,
Versailles, 1678–1684

diese höfische Welt mit ihrem ständigen Bedarf an neuen Inszenierungen, Festumzügen, Maskenbällen, Theateraufführungen eine Art Sekundärarchitektur aus Illusionswelten und Scheinkulissen hervorbringen, unter der die immer noch vorhandenen klassischen Architekturelemente mit der Zeit ähnlich begraben wurden wie einst der klassische griechische Tempel unter dem ausufernden Schmuck und Zierrat der hellenistischen Zeit.

Auch die in der Spätantike immer noch vorhandene klassisch-strenge Rahmung wurde jetzt ornamental gelockert, die Dekoration wucherte über die ihr zugewiesenen Zwischenfelder hinaus und verband sich mit Spiegel, Kartusche, Rocaille, Laubwerk, Medaillon, Figurenschmuck und illusionistischer Malerei zu einer die visuelle Aufnahmefähigkeit bewusst überlastenden Inszenierung, die alle räumlichen Begrenzungen verschwimmen ließ. Dazu trug auch bei, dass der Übergang zwischen Wand und Decke jetzt durch Abrundungen und Weiterführung des Dekors möglichst überspielt und die ursprüngliche Konstruktion der Decke durch den abgehängten Plafond verschleiert wurde.

Wichtig ist, dass Spiegel, Rocaille, Laubwerk und ornamental sich windende Stuckstruktur tatsächlich neue, baufremde Dekorelemente waren, die zunächst zu den klassischen Architekturelementen hinzutraten, diese dann aber nach und nach in den Hintergrund drängten oder ganz verschwinden ließen.

Noch wichtiger war, dass mit der Ausbildung einer eigenständigen dekorativen Schicht eine stärkere Trennung zwischen Außenbau und Innenarchitektur stattfand, als dies normalerweise durch die unterschiedlichen Anforderungen gegeben ist. Auch die Ausdruckswelten spalteten sich jetzt auf: außen weiterhin eine distanzierende Repräsentationsarchitektur, innen eine verspielte Fest- und Illusionsarchitektur.

Diese Differenz zwischen Innen und Außen war in den anderen europäischen Zentren, auf die diese französische Entwicklung ab etwa 1720 ausstrahlte, weniger stark ausgeprägt. Mehr und mehr zeigte sich die neue Formvorstellung auch im Außenbau der fürstlichen Residenzen, etwa beim Zwinger in Dresden. Trotzdem blieb in der Regel eine Diskrepanz zwischen der Weiterverwendung des klassischen Vokabulars im äußeren Erscheinungsbild und der Ablösung dieses Vokabulars durch malerische und dekorative Mittel im Inneren.

Süddeutsche Sakralbaukunst

Einen Gipfel erreichte diese Entwicklung noch einmal in der Sakralbaukunst der katholischen Länder nördlich der Alpen. Kirchenspaltung und Gegenreformation waren inzwischen abgeschlossen, und der römisch-katholische Glaube drängte im Herrschaftsbereich der Habsburger und der mit ihnen verbündeten Fürstentümer auf die Darstellung der zurückgewonnenen Macht. Warum also nicht die neuesten Errungenschaften der französischen Repräsentations-

architektur für diese Zwecke einsetzen? Viele Architekten reisten inzwischen nicht mehr nach Rom, sondern nach Paris oder Versailles oder wurden von ihren Fürsten sogar dorthin geschickt wie Balthasar Neumann, der dort für den Bau der Würzburger Residenz mit den Hofarchitekten Robert de Cotte und Germain Boffrand Kontakt aufnahm.

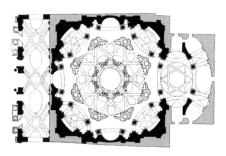

Guarino Guarini,
San Lorenzo, Turin,
1667–1687

Gleichzeitig wurde Neumann für diesen Bau aber auch der berühmte, immer noch römisch (durch Carlo Fontana) geprägte Wiener Hofbaumeister Johann Lucas von Hildebrandt zur Seite gestellt, und Neumann hatte in Wien auch die Bauten von Johann Bernhard Fischer von Erlach studiert, der ebenfalls in römischer Tradition stand. Bei einem Abstecher nach Mailand und Turin lernte er darüber hinaus das bahnbrechende Werk von Guarino Guarini kennen, der Borrominis Spiel mit der Überschneidung elliptischer Formen in Grund- und Aufriss, mit der Freistellung, Verdrehung und Bündelung von Säulen zur Bildung von eigenen Räumen im Raum in einer Art entfesselter Geometrie auf die Spitze getrieben hatte.

79

Peter Thumb, Wallfahrtskirche,
Birnau, 1747–1750

Alle diese Einflüsse – römische Tradition, neueste französische Mode und revolutionäre oberitalienische Raumbildung – verschmolzen dann in der Architektur Neumanns und all der anderen großartigen Architekten wie etwa Johann Dientzenhofer, Dominikus Zimmermann oder Johann Michael Fischer zu solchen genialen Raumschöpfungen wie etwa den Kirchen Vierzehnheiligen, Neresheim, Zwiefalten oder der Marien-Wallfahrtskirche von Birnau am Bodensee, die ein »Festsaal Gottes«[43] genannt wurde. Noch einmal – wie schon 500 Jahre zuvor in der Gotik – entfaltete hier die sakrale Sphäre in dem für das Auge nicht mehr aufzulösenden Zusammenspiel von Malerei, Skulptur, Stuckatur und Architektur eine geradezu sinnenberauschende Wirkung.

Klassizismus

Damit war allerdings eine Grenze erreicht. Im Inneren hatte die Dekorationskunst die klassische Formensprache vollständig an den Rand gedrängt, im Äußeren zeigten sich vielerorts gefährliche Auflösungserscheinungen. Kein Wunder, dass es zu heftigen Gegenreaktionen kam, zumal der Absolutismus als Grundlage dieser illusionären Prachtentfaltung spätestens um die Mitte des 18. Jahrhunderts abgewirtschaftet hatte und mit Rousseau das Zeitalter der Aufklärung begann: Man sehnte sich zurück zu dem einfachen und wahren Leben.

1753 forderte Marc-Antoine Laugier – ganz im Sinne Rousseaus – in seinem *Essai sur l'architecture*[44] auch für die Archi-

tektur die »Rückkehr zu den Urformen des Bauens«.[45] Ihn selbst führte das zwar zur Gotik und zur Betonung des Primats der Konstruktion, aber seine Zeitgenossen fanden diese Einfachheit auch und vor allem in der wiederentdeckten griechischen Architektur.

Sie gingen also, anders als die Renaissance, nicht nur zu den Römern, sondern noch einmal 500 Jahre weiter zu den Griechen zurück. Berühmt und prägend wurde Johann Joachim Winckelmanns Diktum *Edle Einfalt und stille Größe*[46] als Kennzeichnung der Ausstrahlung griechischer Kunstwerke. Aber auch Jaques François Blondel (der Jüngere), Präsident der französischen Akademie, sprach 1771 vom »grand goût de la belle simplicité«.[47]

Voraussetzung dieser Hinwendung zur griechischen Architektur waren allerdings die Antikenpublikationen des 18. Jahrhunderts gewesen, die »erstmals eine Kenntnis griechischer Architektur bereitstellten«.[48] Es gehört zu den erstaunlichsten Phänomenen der Geschichte der Alten Baukunst, dass bis zu den Veröffentlichungen des Franzosen Julien-David Le Roy (1758) und der Engländer James Stuart und Nicholas Revett (1762) der Parthenon, für uns heute der Inbegriff klassischer Architektur, im westlichen Europa nicht bekannt war, ebenso wenig wie viele andere klassische Bauwerke auf griechischem Boden. Selbst die griechischen Tempel in Paestum wurden erst seit 1764 publiziert und waren das einzige Beispiel griechischer Architektur, das Winckelmann persönlich kannte.

Umso befremdlicher wirkte anfangs die archaisch-schmuck-
lose Wucht dieser lange vor dem Parthenon entstandenen
Anlage, und es brauchte einige Zeit, bis sich die durch römische Pracht und schlanke Proportionen geprägten Augen
an diesen Anblick gewöhnt hatten und dann sogar bereit
waren, »die griechische Architektur zeitlich und qualitativ
der römischen voranzustellen«[49] – im Übrigen gegen den
erbitterten Widerstand etwa von Giovanni Battista Piranesi
als glühendem Verteidiger des römischen Vorrangs oder
von William Chambers, der von der griechischen Kunst als
einer »Kunst von Wilden und von Affen«[50] sprach.

Tempel in Selinunt,
Sizilien, 5. Jh. v. Chr. (lks.);
Saturntempel, Rom,
restauriert 283 n. Chr. (re.)

Aber solche Proteste konnten den Siegeszug des Klassizismus nicht aufhalten. Schon 1756 begann Jacques-Germain
Soufflot in Paris mit dem Bau der Kirche St. Geneviève, deren Portikus und Innenraum eine neue, klassische Strenge
zeigten. 1789–91, während in Paris die Revolution tobte und
St. Geneviève zum »Pantheon« umgetauft wurde, baute
Carl Gotthard Langhans in Anlehnung an die Propyläen
der Akropolis von Athen das Brandenburger Tor in Berlin,

das »bedeutendste Werk des ›greek revival‹«[51] in Deutschland, und auch in England setzte sich nach der Jahrhundertwende diese Strömung mit John Soane und John Nash in Fortsetzung der palladianischen Tradition durch. 1842 wurden dann mit der Pfarrkirche La Madeleine in Paris und der Walhalla bei Regensburg die ersten neuen »griechischen« Tempel nördlich der Alpen errichtet.

So kehrte in ganz Europa um das Jahr 1800 herum die Baukunst nach mehr als 2000 Jahren zu ihrem Ausgangspunkt zurück. Im Durchgang durch ihre zahlreichen Metamorphosen hatte sie sich wieder und wieder verwandelt, hatte aus jeder Verwandlung neue Kraft geschöpft und nebenbei ein architektonisches Erbe angehäuft, vor dem sich der heutige Betrachter nur in Bewunderung verneigen kann.

GRÜNDE DES ZUSAMMENBRUCHS

Entgegen der kunstgeschichtlichen Betonung der Eigenständigkeit und Unabhängigkeit der einzelnen Stile hatte es also tatsächlich eine *gemeinsame* und *zusammenhängende Sprache der Baukunst* gegeben! Keine Epoche – bis auf die Gotik als christliche Baukunst des Nordens – hatte eine neue Sprache, ein neues Formkonzept hervorgebracht, sondern immer nur – allerdings in höchstem Maße kreative und fantasievolle – Erweiterungen, Metamorphosen, Verästelungen und regionale Dialekte des griechisch-römischen Formenkomplexes. Nur deshalb konnte Langhans, als er

1798 das Brandenburger Tor in neuester zeitgenössischer Manier entwerfen sollte, problemlos auf die Propyläen der Akropolis als Vorlage zurückgreifen (ein zeitlicher Abstand von über 2200 Jahren). Und Gottfried Semper vertrat keineswegs eine rückwärtsgewandte, nostalgische Architekturrichtung, als er das Tor seiner Gemäldegalerie in Dresden als Replik des Konstantinsbogens in Rom entwarf (ein zeitlicher Abstand von über 1500 Jahren), sondern stand an der Spitze der zeitgenössischen Baukunst, indem er deren immer noch gültige, seit über 2000 Jahren funktionierende Sprache anwandte.

Warum aber konnte es nicht so weitergehen? Natürlich nicht in gleicher Manier, aber vielleicht mit einer erneuten Metamorphose? Die meisten Architekten des 19. Jahrhunderts suchten geradezu verzweifelt nach einem solchen Neuanfang *innerhalb* der griechisch-römischen Formensprache und fragten sich zunehmend irritiert und frustriert, wieso ausgerechnet ihnen dieser Schritt nicht mehr gelingen wollte.

Man konnte natürlich interne Gründe anführen: dass die Kapazität schließlich doch erschöpft war, dass die Baukunst an dem gleichen Punkt angekommen war wie die klassischen Musik, wo jede Melodie, jede Harmonik, jede mögliche Kombination von Tönen und Akkorden durchgespielt und alle Meisterwerke bereits komponiert waren; dass die Fülle des Erbes inzwischen schon längst nicht mehr anregend und vorwärtstreibend wirkte, sondern nur noch erdrückend und lähmend. Oder dass ein neuer Impuls, etwa aus der sakralen Sphäre, aus der früher so oft die Anstöße gekommen waren, in einem Zeitalter der technischen Revolutionen und der Industrialisierung nicht mehr zu erwarten war.

Aber solche Erklärungsmuster greifen zu kurz. Das System der Alten Baukunst konnte nicht weiterbestehen, weil im 19. Jahrhundert nicht nur ein begrenzter historischer Abschnitt zu Ende ging, sondern eine ganze weltgeschichtliche Epoche. Man lässt die Neuzeit ja immer mit der Renaissance beginnen, und es gibt viele gute Gründe dafür – Gutenberg, Kolumbus, Galilei etc. –, aber Kaisertum und Feudalismus stürzten erst mit der Französischen Revolution und mussten ihre Macht erst gegen Mitte des 19. Jahrhunderts endgültig an das Bürgertum abgeben. Und die Renaissance, etwa auch Leonardo da Vinci, entwickelte zwar viele neue Maschinen, aber die Maschinenkraft nahm erst mit der Erfindung der Dampfmaschine exponentiell zu und leitete die Revolution der Produktion ein.

Auch im Bauen gab es zwar seit der Renaissance die besprochenen formalen Wandlungen, aber die prinzipiellen konstruktiven Grundlagen hatten sich bis 1850 nicht wesentlich geändert, waren sogar über den gesamten Zeitraum der Alten Baukunst relativ konstant geblieben. Holz, Naturstein, Mauerwerk, Putz und Stuck waren bis zum 19. Jahrhundert die ausschlaggebenden Materialien am Bau, tragende Längs- und Querwände, Fachwerk, Balken auf

Stützen, Pfeiler, Bogen, Gewölbe und Kuppeln waren die entscheidenden Konstruktionsformen. Der Maurer zur Zeit Schinkels wandte immer noch die gleichen Mauerwerksregeln an, die schon Vitruv beschrieben hatte, und der Steinmetz, der 1904 die Figuren für den Berliner Dom aus dem Stein herausmeißelte, war keinen Schritt weiter als der Bildhauer im antiken Griechenland, ja, er war sogar froh und stolz, wenn er je dessen Meisterschaft erreichte.

Es waren und blieben *handwerkliche* Produktionsweisen, und es galten die gleichen Beschränkungen der *Materialien*: Stein-Konstruktionen konnten keine wesentlichen Zug- oder Biegekräfte aufnehmen, und jede horizontale Überspannung größerer Entfernungen war und blieb eine Herausforderung, jedes vertikale Übereinander-Türmen drohte irgendwann zu kippen; Holz konnte zwar Zugkräfte aufnehmen, war aber in seinen Abmessungen von Natur aus begrenzt und hatte eine viel geringere Tragfähigkeit als Stein: außerdem war es brennbar und auch sonst kein Material für die Ewigkeit.

Umso bewundernswerter ist, was trotz dieser engen konstruktiven Grenzen an wirklich grandiosen Bauwerken errichtet wurde. Unglaublich auch der Mut der Baumeister, ohne jede Statik solche Kuppeln wie die des Pantheons oder des Petersdoms zu errichten – oder solche Türme wie die des Ulmer oder des Straßburger Münsters.

Ebenso galten weiterhin die gleichen Beschränkungen der *Materialbearbeitung*. Bis 1850 gab es kaum Maschinen am Bau, das meiste musste per Hand oder mechanisch gehauen, geschnitten, gestemmt, gemauert und transportiert werden – wie schon im alten Rom. Im innersten Kern war tatsächlich die gesamte konstruktive Basis – Material, Konstruktion und handwerkliche Herstellung – über 2500 Jahre gleichgeblieben, und mit ihr war sowohl die Fülle handwerklicher und technischer Lösungen wie auch der formale Lösungsraum der Alten Baukunst unlösbar verknüpft.

Nur deshalb blieb auch die formale Sprache, die diese Formen, Materialien und konstruktiven Elemente überhöhte, perfektionierte, zur Schau stellte, inszenierte, über den gesamten Zeitraum – zumindest was das Grundvokabular anging – konstant. Nur als in der Gotik mit der Erfindung des Spitzbogens tatsächlich eine Revolution in der Konstruktionstechnik stattfand, änderte sich sofort auch das formale Ausdruckssystem. Aber dieser »Kirchenbaustil« war für die Übernahme in den Bereich der Herrschaftsarchitektur kaum geeignet und blieb deshalb eine Sonderform, eingekapselt in den Fortgang der regulären Hochsprache und erst im 19. Jahrhundert im Rahmen des Historismus und Eklektizismus reanimiert.

Die Ausnahme der Gotik deutet allerdings auf einen entscheidenden Punkt hin. Jede funktionierende Sprache muss über *drei* Ebenen verfügen: ein Vokabular, eine Syntax (Grammatik) und eine Semantik (also ein System der Bedeutungszuweisung an Wörter und ganze Sätze). Ein formales Vokabular und eine zugehörige Grammatik allein sind – solange die dritte Ebene fehlt – keine Sprache, sondern bestenfalls ein faszinierendes formales Konzept, das sich relativ schnell abnutzt.

Zur Erklärung des erstaunlichen Beharrungsvermögens des griechisch-römischen Formenkomplexes gehört deshalb unabdingbar, dass auch die *Bedeutung*, die mit *diesem* Vokabular und *dieser* Syntax verknüpft war, konstant blieb, dass deren Nobilitierung durch die Herkunft aus der Sakral- und Herrschaftssphäre über den gesamten Zeitraum aufrechterhalten werden konnte; dass ihr Potenzial, Herrschaft und Macht, zumindest aber einen hohen gesellschaftlichen Rang zu repräsentieren, intakt blieb und die Formen und ihre Verknüpfung diese Bedeutungen ungehindert und unvermindert transportieren konnten.

Dieser materielle und kulturelle Gesamtzusammenhang bildete die Basis der Alten Baukunst und die Grundlage jener Sprache, die an den Bauakademien gelehrt, von den Zöglingen gelernt und vom Publikum verstanden wurde. Die Stile hingegen, also die vielfachen formalen Abwandlungen und Weiterentwicklungen, auf welche die Kunstgeschichte meist ihr Augenmerk richtet, waren – unablösbar in dieses Gesamtsystem eingebettet – lediglich der sichtbare, den jeweiligen Zeitgeist oder die regionale Ausprägung repräsentierende Teil der alle Epochen gleichermaßen umfassenden Architektursprache des Abendlandes.

Doch nun wurde – nachdem die industrielle Revolution die materielle Basis und die Französische Revolution die herrschaftliche Basis revolutioniert hatte – dieses Gesamtsystem mit 100-jährigem Zeitverzug sturmreif geschossen. Die Arbeit der Handwerker wurde mehr und mehr durch Maschinen und Industriebetriebe ersetzt, die alten Materialien Naturstein, Holz und Ziegel durch die neuen Materialien Gusseisen, Eisen, Beton und Glas. Als sich an der konstruktiven Basis des Bauens tatsächlich substanziell etwas änderte, musste auch auf der Ebene der formalen Systeme und der architektonischen Sprache ein wirklich neues Spiel mit völlig neuen Regeln beginnen.

Inhaltlich waren es die parallel laufenden gesellschaftlichen Umwälzungen, die eine erfolgreiche Fortsetzung der Alten Baukunst unmöglich machten. Mit dem Aufstieg des Bürgertums und des bürgerlichen Staates kam es zu einer inflationären Ausweitung der Bauaufgaben, deren jeweilige Stellung und Bedeutung mit dem System der alten Repräsentationsarchitektur kaum noch auszudrücken war. Nicht mehr Kirchen, Schlösser oder Adelspaläste waren die vorrangigen Bauaufgaben, sondern Museen, Bahnhöfe, Gerichte, Opern, Universitäten, Schulen, Postgebäude, Patentämter und eine unüberschaubare Menge weiterer Gebäude, die sich durchaus als Institutionen des Staates und der neuen bürgerlichen Gesellschaft präsentieren wollten, für die aber ein eigenständiges, sozusagen bürgerlich-parlamentarisches Ausdruckssystem fehlte. Als Folge entstanden dann Postgebäude im Gewand eines barocken

Carrère and Hastings,
New York Public Library, 1902–1911

Stadtpalais, Museen als römische Tempel oder Schulen und Universitäten im Stile der Neorenaissance.

Das formal zwar ungeheuer reiche, aber in seiner Bedeutungszuordnung doch auf sakrale oder feudale Herrschaftsstrukturen begrenzte Ausdruckssystem der Alten Baukunst musste durch diese Ausweitung auf die bürgerlichen Institutionen hoffnungslos überdehnt werden. Historismus und Eklektizismus waren daher keine Marotten, sondern die unausweichliche Folge.

Den wirklichen Todesstoß aber versetzte dem Ausdruckssystem erst die gleichermaßen inflationär ausufernde *private* Bautätigkeit des Bürgertums. Hier war die Übernahme von Repräsentationsformen der Alten Baukunst keine Ratlosigkeit oder Notlösung wie im staatlichen Bereich, sondern im Gegenteil das ideale Mittel, um den Aufstieg des Bürgertums zur herrschenden Klasse zu demonstrieren, um zu zeigen, dass man – machtpolitisch gesehen – der neue Adel war.

Wir erleben hier den letzten Akt jener inhaltlichen Verschiebung, deren Mechanismus wir schon über die gesamte Geschichte der Alten Baukunst hinweg beobachtet haben: vom rein sakralen Inhalt zu den Gottkaisern Roms, von diesen zu den Päpsten und den weltlichen Herrschern der Neuzeit, von dort zum Adel insgesamt – und jetzt, in einem letzten Schritt, zum bürgerlichen Parvenü, der seinen Reichtum nicht mehr dem Landbesitz, sondern dem

Besitz einer Fabrik verdankte und abseits von den rußigen Mauern seiner Produktionsstätten in einer protzigen Fabrikantenvilla mit Giebelfront und Marmorsäulen residierte. Parallel dazu erhielten auch die Vorderhäuser der Mietskasernen in den Städten eine Stucktapete aus Repräsentationsdekor.

Damit war das Ende der Alten Baukunst besiegelt. Ein solchermaßen inflationärer Gebrauch musste – wie in der Geldwirtschaft – zur vollständigen Entwertung führen. Und wenn dann noch die mangelnde materielle Deckung durch den Einsatz minderwertiger Materialien hinzutrat, etwa Stuck und Stuccolustro statt Marmor, Putzstreifen statt Bossenmauerwerk, Gussfiguren statt Steinmetzarbeit – diese Tendenzen begannen allerdings schon wesentlich früher, etwa bei Schinkel –, ist die Verzweiflung vieler Architekten am Ende des 19. Jahrhunderts mehr als verständlich. Das war schon längst keine Baukunst mehr, sondern abgeschmacktestes Repräsentationsdesign, leer gedroschenes Stroh, blutleerer Akademismus, beliebiger Stil-Misch-Masch, das war Kunstgewerbe und wild gewordener Dekorplunder auf allem und jedem.

So gingen unter dieser alles überwuchernden Ornamentproduktion vorindustrielle und feudale Gesellschaft, alte Baukonstruktion und Alte Baukunst *gemeinsam* unter, allerdings nicht plötzlich, sondern in einem quälenden und langwierigen Prozess, der sich über das ganze 19. Jahrhundert und noch bis zum Ende der 1920er-Jahre hinzog, als im Wettbewerb um den Neubau des Völkerbundpalastes in Genf die Alte Baukunst ihren letzten, schalen Triumph über die längst entfaltete Moderne feierte.

Im Rückblick erscheint die Alte Baukunst wie ein mächtiges baukulturelles Gebirgsmassiv oder vielleicht eher wie ein riesiges Korallenriff, in dem 2000 Jahre lang jede Epoche jeweils das Fundament für die folgende gebildet hatte und die erstaunliche Höhe und Blüte nur dadurch erreicht worden war, dass die Künstler nicht immer wieder von null anfingen, sondern vom höchsten Punkt aus, von dort, wo sie den Überblick über alles schon Erreichte hatten, wo alle bis dahin erarbeiteten Varianten präsent waren und die aktuellen Entwürfe ihr jeweiliges baukünstlerisches Niveau immer auch der Arbeit aller vorangegangenen Generationen verdankten und nur auf dieser Basis in der Lage waren, die nächste Stufe zu erklimmen.

Aber damit war es nun vorbei. Die neue Baukunst musste ganz zum Nullpunkt zurück und von vorne beginnen.

—

DIE ERSTE PHASE
DER NEUEN ARCHITEKTUR

DIE RATLOSIGKEIT VOR DEM NEUANFANG

Wir haben die Alte Baukunst in den Wirren des Zusammenbruchs, zwischen Historismus und Eklektizismus, zurückgelassen. Doch während das alte System in der zweiten Hälfte des 19. Jahrhunderts mehr und mehr kollabierte, wuchs in dessen Windschatten längst eine neue Epoche der Bau- und Menschheitsgeschichte heran: Industrielle Revolution und Maschinenkraft trieben die Entwicklung neuer Materialien, Produktivkräfte und Produktionsverhältnisse mit revolutionärer Schnelligkeit voran.

Gottfried Semper, ein bedeutender Architekt des Historismus, sah als Vertriebener des gescheiterten Arbeiteraufstands von 1848 in Dresden bereits den aus vorfabrizierten Gusseisenelementen und Glas errichteten Kristallpalast in London (1850), vielleicht auch eine der neuen Eisenbahnbrücken, die in England jetzt als Eisen- und Stahlkonstruktionen ungeahnte Spannweiten zu überbrücken begannen.

Wenig später entstanden die großen Markthallen (Victor Baltard, Paris 1858–74), Bahnhofshallen (St. Pancras, London 1868) und Ausstellungshallen – 1889 etwa die Galerie des Machines von Ferdinand Dutert und Victor Contamin mit 115 m Spannweite. Es folgten der Eiffelturm als lange Zeit höchstes Bauwerk der Welt (300 Meter) und gegen Ende des Jahrhunderts die ersten amerikanischen Hochhäuser als Stahl-Skelett-Konstruktionen – alles ermöglicht durch die neuartige Verwendung des Materials Eisen im

Lyonel Feininger,
Bauhaus-Manifest, 1919

Bauwesen und den damit verbundenen phänomenalen Aufstieg des Ingenieurbaus.

Hier war also das Neue schon da, völlig unverhüllt und offen, etwas wirklich Neues diesmal mit beeindruckend neuen Möglichkeiten. Und keine Spur von Stil: klar, schnörkellos, einleuchtend, (fast) reine Konstruktion.

Die Menschen haben solche Bauwerke auch durchaus in diesem Sinne verstanden und bewundert – sie haben sie nur nicht in einen Zusammenhang mit der zeitgenössischen Baukunst gebracht. Denn es waren eben überwiegend reine Ingenieurbauten, und von Ingenieuren war man durch den Anblick von Eisenbahnen, Ozeandampfern und gewaltigen Maschinenanlagen inzwischen Entsprechendes gewohnt. Was aber hatten diese Ingenieurbauwerke in einer Zeit, in der noch 1905 ein neuer Dom in Berlin in pompösestem Neobarock fertiggestellt worden war, mit Baukunst zu tun?

Ähnliches wie für Gusseisen und Stahl galt später, Ende des 19. und Anfang des 20. Jahrhunderts, für den Eisenbeton, etwa mit der Garage de la Rue de Ponthieu von Auguste Perret (1905), der Jahrhunderthalle von Max Berg (1910–13), der Luftschiffhalle von Eugène Freyssinet (1916), vor allem aber mit dem für diese Zeit absolut genialen Projekt einer Cité industrielle von Tony Garnier, der hier die Entwicklung einer ganzen Generation vorwegnimmt, damit aber zunächst merkwürdig folgenlos bleibt.

Wie aber sollten die Architekten, die allesamt noch als »Baukünstler« ausgebildet waren und sich auch als solche verstanden, auf diese neuen Entwicklungen und auf den Niedergang der in langen Studien mühsam erlernten Formensprache der Alten Baukunst reagieren?

Sie konnten natürlich versuchen, zu reduzieren, den ganzen formalen Ballast abzuwerfen oder wenigsten die Wucherungen zurechtzustutzen bis auf den einfachen, klaren Kern der Baukörperform. Julius Posener nennt das »Reduktion als Zeitströmung«.[52] Hendrik Petrus Berlage praktizierte es bei seiner Börse in Amsterdam, und man konnte diesen Prozess und auch die Mühen der Häutung über drei Anläufe hinweg direkt beobachten. Viele der besten Architekten der Jahrhundertwende haben diesen Weg beschritten, am radikalsten Adolf Loos, der dann auch die theoretische Kampfschrift dazu lieferte: *Ornament und Verbrechen*.

Wie kraftvoll dieser »Rückschritt« aussehen konnte, zeigten ab 1907 die Industriebauten der AEG von Peter Behrens, und es ist kein Zufall, dass die drei Hauptprotagonisten der Neuen Architektur – Walter Gropius, Mies van der Rohe und Le Corbusier – alle (zu unterschiedlichen Zeiten) in seinem Büro gearbeitet haben. Hermann Muthesius verfolgte diesen Weg für das Landhaus, hier sehr stark durch die englischen Vorbilder Charles F. A. Voysey und Edwin Lutyens geprägt, und dieser inneren Haltung blieben auch später viele Architekten verpflichtet, die sich nicht der modernen Bewegung anschlossen wie etwa Heinrich Tessenow.

Das war eine Möglichkeit: »Stilistische Enthaltsamkeit« sozusagen. Die andere Möglichkeit war, das alte, überholte Dekorsystem durch ein neues, zeitgemäßes zu ersetzen: Art Nouveau, neue Kunst. Die französische Bezeichnung trifft den Kern besser als das deutsche Wort »Jugendstil«, denn für einen kurzen Zeitraum von zehn bis 20 Jahren glaubten viele Künstler tatsächlich, nun endlich den Durchbruch erreicht zu haben: den eigenen, neuen, zeitgemäßen Stil, den das ganze 19. Jahrhundert vergeblich gesucht hatte. Und die Erschaffung eines neuen formalen Systems durch Victor Horta und Henry van der Velde in Belgien, Hector Guimard in Frankreich, Charles Rennie Mackintosh in Schottland und Antonio Gaudí in Spanien, das sich dann mit Joseph Maria Olbrich und Otto Wagner wie ein Lauffeuer auch in Deutschland und Österreich ausbreitete, war ja auch eine bewundernswerte künstlerische Leistung.

Der neue Stil konnte allerdings seine Nähe zum Kunstgewerbe nie ganz abstreifen und erreichte seine größte künstlerische Ausstrahlung und Kraft auch eher in diesem Bereich. Im Innersten akzeptierten die Künstler des Jugendstils immer noch die Notwendigkeit der Dekoration, stellten deren Berechtigung nach dem Zusammenbruch des alten Systems nicht grundsätzlich infrage, sondern ersetzten nur das alte durch ein neues Vokabular.

Hinzu kam, dass dieses Formenrepertoire im Gegensatz zu dem der klassischen Repräsentationsarchitektur – also Säule, Pilaster, Kapitell, Giebel, Gesims etc. – aus gänzlich baufremden Bereichen stammte. Florale und organische Motive, geschwungene Linien und ornamentale Flechtwerke waren vorherrschend und mussten fast zwangsläufig nach einer gewissen Zeit der Begeisterung als appliziert, als nicht wesentlich zum Gebäude gehörend erscheinen.

Und schließlich gaben florale Motive und elegant geschwungene Bauteile auch keine Antwort auf das Problem der repräsentativen Funktion von Architektur. Die Form war anmutig, ohne Zweifel, aber darüber hinaus ohne tiefere Bedeutung.

Der Jugendstil war also letztlich keine Antwort auf die Krise der Baukunst, obwohl er sich bereits des neuen Materials Eisen bediente. Ein Metallstil, »in welchem das Eisen schlank, sehnig und statisch effektiv erscheint«[53], schreibt Julius Posener. Antworten fanden stattdessen gerade jene Architekten, die das gewohnte Betätigungsfeld der Baukunst verließen und in den Bereich des Ingenieur- und Industriebaus wechselten, allen voran Peter Behrens mit seiner großartigen AEG-Turbinenhalle 1907, kurz darauf gefolgt von seinen Schülern Walter Gropius und Adolf Meyer mit dem Faguswerk (1911–14).

Umso erstaunlicher ist, dass selbst diese Architekten, die einige der ersten Ikonen der modernen Architektur entwarfen, keinen direkten Weg vom Industrie- und Ingenieurbau zur zeitgemäßen Lösung normaler oder traditioneller Bauaufgaben fanden. Als Behrens eine Botschaft in Petersburg bauen sollte, kehrte er, einem alten Reflex folgend, zu einer Art reduziertem, etwas grobschlächtigem Klassizismus zurück (wie später übrigens auch bei einigen seiner Industriebauten). Ähnlich ist die Entwicklung von Auguste Perret in seinem späteren Œuvre. Selbst Gropius, der mit den Faguswerken das Vorbild der AEG-Turbinenhalle noch weiter in Richtung Sachlichkeit vorangetrieben hatte, glaubte bei der Werkbundausstellung 1914 auf strenge Symmetrie und gemauerte Pfeiler mit angedeuteten Kapitellen nicht verzichten zu können, ein merkwürdiger Rückschritt – und das sogar bei einer Fabrik.

Bei Gropius setzte sich diese Kehrtwendung aber noch weiter fort. Schon beim Werkbundstreit 1914 schlug er sich auf die Seite Henry van der Veldes und votierte gegen die Typisierung. Und während des ganzen Ersten Weltkriegs und nach dessen Ende trieb er keineswegs das moderne Bauen weiter voran, sondern geriet in die starke Strömung des aufkommenden Expressionismus.

Dieser war ja, verkürzt gesagt, nach dem Jugendstil der zweite Versuch gewesen, die alte Stilarchitektur durch ein neues Formkonzept zu ersetzen, nur diesmal nicht geschwungen, sondern spitzwinklig. Erstaunlich auch der starke, instinktive Rückgriff auf die sakrale Sphäre als Reminiszenz an die Tatsache, dass wirklich neue Formkonzepte in der Alten Baukunst immer nur in der sakralen Sphäre entstanden waren.

Das Titelbild des ersten Bauhausprogramms von Feininger 1919 zeigte eine Kathedrale, also eine der zentralen Bauaufgaben der Alten Baukunst! Auch der Name »Bauhaus« bezog sich auf die mittelalterliche Dombauhütte, und im Schlusssatz hieß es: »Wollen, erdenken, erschaffen wir gemeinsam den neuen Bau der Zukunft, [...], der aus Millionen Händen der Handwerker einst gen Himmel steigen wird als kristallenes Sinnbild eines neuen kommenden Glaubens«.[54] Oder ein anderes Zitat von Gropius aus dieser Zeit, 1919: »Was ist Baukunst? Doch der kristallene Ausdruck der edelsten Gedanken der Menschen, ihrer Inbrunst, ihrer Menschlichkeit, ihres Glaubens, ihrer Religion!«[55] Solche Äußerungen hätten auch in einem Kapitel über die Gotik stehen können.

Gropius war hier stark von dem ekstatischen Tonfall seines Kollegen aus dem Arbeitsrat für Kunst, Bruno Taut, und dessen von religiösem Pathos gefärbten Visionen der *Stadtkrone* und der *Alpinen Architektur* beeinflusst. Im Architekturprogramm des Arbeitsrates forderte dieser Unterstützung für bauliche Ideen, »die den kosmischen Charakter der Architektur, ihre religiöse Grundlage aufzeigen«.[56]

Bis 1921 setzte sich diese Tendenz bei Gropius mit dem Ehrenmal für die Märzgefallenen und dem Haus Sommerfeld fort, aber sie galt für die meisten seiner Zeitgenossen. Die ganze junge Architektengeneration schien in der Zeit von 1914 bis 1921 vor dem letzten Schritt in Richtung einer neuen Architektur zurückzuschrecken – oder es hatte sich

ihr in dieser Zeit kein Bild, keine Vision, keine wirklich zündende Idee gezeigt, die über die ewig gleiche Beschwörung amerikanischer Silos, Werkhallen und Fabriken hinausging.

STUNDE NULL

Es gab allerdings einen Architekten, der nicht zurückwich – oder auswich – oder sich anderen Formvorstellungen zuwandte, wie es das gute Recht eines Künstlers ist, der also die modernen Errungenschaften des Materials und der Konstruktion bis an den letztmöglichen Punkt vorantrieb und bereit war, die radikalen Konsequenzen zu ziehen – ein Architekt, der bei Behrens und Perret gleichermaßen in die Schule gegangen war und sich in *Vers une Architecture* auch dezidiert auf Tony Garnier berief: Paul Edouard Jeanneret, der sich später Le Corbusier nennen sollte.

In seinem Domino-System von 1914 traten die neuen Prinzipien in aller Klarheit zutage: Stützen, Platten, Treppe, freie Fassade, freier Grundriss – aus. Keine künstlerisch behandelte Form mehr, keine Symmetrie, kein formaler Apparat, auch keine Ansatzpunkte für handwerklichen Reiz und Qualität – nur minimierte Konstruktion und optimierte Funktion. Das war so modern, dass wir auch heute, 100 Jahre später, nicht viel weiter sind, hier war wirklich ein Grenzwert erreicht.

Kasimir Malewitsch, Schwarzes Quadrat
auf weißem Grund, 1915

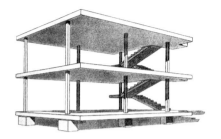

Le Corbusier
Domino-System
1914

Die entscheidende Frage war allerdings: Wo waren hier noch Ansatzpunkte für Baukunst? Was ließ sich an einer Stahlbetonstütze ohne Kopf und Fuß noch stilisieren? Welche gestalterischen Funken ließen sich aus einer Stahlbetonplatte schlagen? Wo gab es noch Anknüpfungsmöglichkeiten für die Gestaltung der Fassade, wenn sich diese konstruktiv in Nichts aufgelöst hatte und nicht mehr für die kunstvolle Komposition der Formen, das Ringen um Proportionen, den Glanz der Schönheit und den Ausdruck von Bedeutung und Rang zur Verfügung stand?

Es war, als wenn der Vorhang weggezogen und das nackte Baugerüst zutage getreten wäre. Peter Meyer, ein zeitgenössischer Architekturkritiker aus der Schweiz, bemerkte dazu treffend: »Die Fassade scheidet als Kompositionselement von eigener Bedeutung aus [...]. Das Spiel zwischen Stütze und Last ist gegenstandslos geworden und damit auch der ganze Formapparat, in dem es sich symbolisierte.«[57] Das, was in der Vergangenheit auf einer Fassade in immer neuen künstlerischen Höchstleistungen erzählt worden war, das Zelebrieren der Formenwelt traditioneller Baukunst, war überholt, war gegenstandslos geworden. Übrig blieben nur die nackten Beton- und Stahlelemente selbst, und es gab nicht den kleinsten Ansatz eines Konzeptes, aus solchen banalen, abstrakten Elementen der industriellen Produktion – aus Elementen, die für sich genommen keinerlei Reiz mehr hatten – Baukunst zu machen.

Das war tatsächlich die »Stunde Null«[58] der modernen Architektur, baukünstlerisch stand sie buchstäblich vor dem Nichts! Auch Le Corbusier selbst hat das so empfunden: »Wir müssen wieder ganz auf dem Nullpunkt beginnen«[59], formulierte er noch in einem späteren Aufsatz. Und ähnlich hatte es – laut Leonardo Benevolo – auch schon Kasimir Malewitsch 1915 ausgedrückt, als er innerhalb der Malerei an den gleichen Punkt kam: Es ginge darum, »bei Null anzufangen« – bei dem Zustand, den er die »Wüste«[60] nennt.

Aber wie sollte das gehen? »Keine Architektur ist auch keine zufriedenstellende Antwort auf zuviel Architektur«[61], bemerkte Venturi dazu in seiner trockenen Art. Und auch Julius Posener fragte: Wie will der Architekt denn eine neue Sprache der Architektur entwickeln, wenn er »nicht mehr, wie Michelangelo, Profile gebrauchen darf, nicht wie Phidias Säulen und nicht einmal, wie jede Architektur bis dahin, [...], Masse?«[62]

DIE FALSCHE THEORIE

Form follows function

Erstaunlicherweise schien diese Frage in der Theorie bereits beantwortet, zumindest gab es – bei aller schwankenden Haltung in der Praxis – einen weitgehenden theoretischen Konsens über den richtigen Weg zu einer neuen Architektur. In den *Grundsätzen der Bauhausproduktion* von 1926 schreibt Walter Gropius: »Das Bauhaus sucht durch systematische Versuchsarbeit in Theorie und Praxis [...] die Gestalt jedes Gegenstandes aus seinen natürlichen Funktionen und Bedingtheiten heraus zu finden.«[63] Und im ersten Band der Bauhausbücher mit dem Titel *Internationale Architektur* spricht er von einer veränderten »Baugestalt, die nicht um ihrer selbst willen da ist, sondern aus dem Wesen des Baues entspringt, aus seiner Funktion, die er erfüllen soll«.[64]

Adolf Behne, den wir bereits eingangs zitiert haben, sprach in seinem Buch *Der moderne Zweckbau* (auch hier taucht der Zweck, die Funktion schon im Titel auf) von der »Schönheit des Zweckmäßigen«[65] und wenig später bemerkt er: »An [die] Stelle einer formalen Auffassung von Baukunst trat eine funktionale«[66], und zitiert Otto Wagner mit dem Satz: »Etwas Unpraktisches kann nicht schön sein«[67] (eine durchaus gewagte These). Ähnlich, nur umgekehrt formuliert, äußerte sich Bruno Taut: »Was wahr ist, wird gewiss auch einmal schön sein.«[68]

Das war für revolutionäre Neuerer eine wahrlich erstaunliche Übernahme von Thesen aus dem Bereich der klassischen Architekturtheorie, in diesem Falle von Gedanken des Giovanni Paolo Lomazzo und des Neoplatonismus um 1590, wonach »nichts bequem und nützlich sein könne, wenn es nicht zugleich schön, d.h. wohlproportioniert sei«.[69]

Aber auch Hugo Häring, einer der theoretischen Vordenker des Neuen Bauens, sprach 1925 in *Wege zur Form* von der Entdeckung, »dass viele Dinge einer reinen Zweckerfüllung bereits eine Gestalt besitzen, die unseren Ansprüchen an einen Ausdruck vollkommen genügt«.[70] Daher gehe es gar nicht mehr um »Gestalt-Gebung«, sondern [nur noch] um »Gestalt-Findung«[71]: »Wir wollen die Dinge aufsuchen und sie ihre eigene Gestalt entfalten lassen.«[72]

So einfach war das also, so einfach funktionierte das Finden der neuen Form, wenn man die Essenz all dieser Äußerungen auf einen kurzen Nenner brachte: Form follows function.

Der zitierte Ausspruch von Louis Sullivan war ja schon lange vor der »Stunde Null« formuliert worden. Der Text, in dem der Leitsatz »Form follows function« zum ersten Mal auftauchte – ein Artikel von nur wenigen Seiten in einer Monatszeitschrift vom März 1896 – hatte den erstaunlichen Titel: *The Tall Office Building Artistically Considered*[73] oder auf Deutsch: *Das große Bürogebäude, künstlerisch betrachtet.* Wie war es möglich, dass durch eine *künstlerische* Betrachtungsweise der absolute Vorrang der Funktion begründet werden konnte?

Zunächst beschreibt Sullivan die Gründe, warum das moderne Bürogebäude automatisch die Form eines hohen Gebäudes annimmt, und stellt das Programm eines solchen Gebäudes auf: im Untergeschoss, Erdgeschoss und erstem Obergeschoss Sonderfunktionen; dann die übereinandergeschichteten Bürogeschosse, eines wie das andere – ein Bienenstock; schließlich das Dachgeschoss als Gebäudeabschluss, frei gestaltbar. »Dieses Programm«, sagt er, »gilt im Wesentlichen für jedes große Bürogebäude des Landes.«[74] Er forscht »nicht nach einer individuellen oder speziellen Lösung, sondern nach einem echten, normalen Typ«[75] – wir würden sagen, er definiert hier den Typus des modernen Bürohochhauses.

Auf dieser Basis setzt er sich dann mit den gängigen Gestaltungskonzepten seiner Zeit auseinander und äußert besondere Abscheu vor der damals anscheinend beliebten Methode, ein 16-stöckiges Gebäude stilistisch »aus sechzehn separaten, voneinander unterschiedenen und unzusammenhängenden Bauwerken«[76] zusammenzusetzen. »Zerstückelte Gliedmaßen der Architektur«[77] nennt er das.

Diese organische Metapher deutet schon auf seinen eigenen Lösungsansatz hin: auf die Morphologie und die Morphogenese, also auf die Gesetze der Formentwicklung

Louis Sullivan, Schlesinger & Maye
Department Store, Chicago, 189?

in der Natur, die immer das innere Leben, den Aufbau, die Struktur zum Ausdruck bringen. »Ob wir an den im Flug gleitenden Adler, die geöffnete Apfelblüte [...], den majestätischen Schwan [...] denken: immer« – und jetzt fällt der folgenschwere Satz – »folgt die Form der Funktion – und das ist das Gesetz.«[78]

»Dürfen wir also« – fährt er wenig später fort – »dieses Gesetz täglich in unserer Kunst übertreten?« Können wir nicht einsehen, dass, »wo die Funktion sich nicht ändert, [auch] die Form sich nicht ändern darf?«[79] Zeige sich deshalb nicht klar und eindeutig, dass die beiden untersten Etagen und das Dach einen besonderen Charakter erhalten könnten, dass aber »die Reihen der eigentlichen Büros, die die gleiche unveränderte Funktion haben, auch die gleiche unveränderte Form behalten müssen?«[80]

Das also ist der Kern des Satzes »Form follows function.« Das Äußere folgt dem Inneren, mehr noch: Es muss den inneren Aufbau naturgetreu abbilden. Es geht um Klarheit und Logik in der Architektur, um die Isomorphie (Gestaltgleichheit) von innerer Struktur und äußerer Gestalt. Es geht nicht um eine bestimmte Form, schon gar nicht um die individuelle, konkrete Gebäudeform (rechtwinklig, zylindrisch, prismatisch etc.), wie es später immer behauptet wurde – die ist für Sullivan in diesem Zusammenhang völlig ohne Belang. Und es geht auch nicht um die Funktion, die Bürotätigkeit an sich, auf die Sullivan nur mit einem Satz eingeht: »Die horizontalen und vertikalen Abmessungen des Einzelbüros sind selbstverständlich so berechnet, dass sich in der Praxis ein Raum von ausreichender Höhe und Fläche ergibt.«[81] Es geht Sullivan ausschließlich um das »follows«, um die unlösbare Verkettung *zwischen* den beiden Phänomenen: Ändert sich das eine, muss sich auch das andere ändern!

Aber aus der sinngemäß richtigen Interpretation – die gleiche Funktion muss die gleiche Form besitzen – führt kein Weg zu der konkreten Form des Gebäudes insgesamt, zu der tatsächlichen formalen Lösung – die muss der Architekt an anderer Stelle suchen. Solange sie nicht im Widerspruch zum inneren Aufbau steht, kann sie beliebig viele Ausprägungen annehmen. Die Vielzahl von gleichwertigen formalen Varianten, etwa im Bürobau, spricht hier eine deutliche Sprache. Ebenso liefert jeder größere Wettbewerb mit der Formenvielfalt seiner Ergebnisse den schlagenden Beweis, dass das Programm keineswegs die Form determiniert, dass auch eine höchst komplexe und stark determinierte innere Struktur immer noch vielfältige formale Varianten zulässt.

Tatsächlich erfordern Funktionen generell nur selten eine spezifische Form. Sie erfordern zwingend eine bestimmte *Fläche* und manchmal auch eine besondere Raum*höhe* – aber keine bestimmte Raum*form*. Weder im Grundriss, noch im Aufriss. Jedenfalls gilt das für die Funktionen in der Architektur. Und so viele sind es ja auch gar nicht. Im Bereich des Wohnens etwa: stehen, sitzen, liegen, gehen – im Wesentlichen: Aufenthalt. Diese Aufenthaltsfunktion erfordert aber keineswegs eine spezielle oder zwingende Form, zum Beispiel einen rechtwinkligen, quadratischen, runden, dreieckigen, schiefwinkligen, zentrischen oder linearen Raum. Man kann sich – bei entsprechender Größe – in den meisten dieser Räume sehr gut aufhalten.

Sicher erfordern die Standardmöbel teilweise grade Wände oder rechte Winkel; und die Planung und Ausführung ist einfacher, rationeller und ökonomischer – aber das sind alles keine *funktionalen* Gründe. Selbst bei direkten Funktionsräumen wie Küche und Bad bleibt die Form weitgehend beliebig, vage, unbestimmt, man denke nur an die geschwungenen Formen der WCs bei Le Corbusier. Und unter rein funktionalen Gesichtspunkten wäre eine runde Küche eine sehr attraktive Variante, weil man sich dann nur noch drehen und gar nicht mehr gehen müsste – aber dafür wären dann die Schränke und Einbaugeräte alles Sonderanfertigungen.

Auch alle anderen Funktionsbereiche – Verwaltung, Unterricht, Kinderbetreuung, Sport- und Verkaufsstätten, Produktionshallen – führen keineswegs zwingend zu einer bestimmten Form, immer hat diese andere Gründe, etwa herstellungstechnische, konstruktive oder ökonomische. Das zeigt inzwischen auch die ständig zunehmende Umnutzung von Gebäuden: Wohnen im Wasserturm, im Hafenspeicher, in der Scheune. Oder umgekehrt: Anwaltskanzleien, Steuerberater, Zahnärzte oder Werbeagenturen in ehemaligen Wohnhäusern der Gründerzeit.

So hält die Aussage »Form follows function« erstaunlicherweise gar keinen Schlüssel zur Formfindung bereit, liefert kein Rezept, keine Methode – obwohl mit Sicherheit genau dieses scheinbare Versprechen eines *logischen Weges zur Form* ein entscheidender Grund für die suggestive Macht und die unglaublich zähe Beharrungskraft dieser Doktrin gewesen ist.

Es kommt aber noch ein Weiteres hinzu. Sullivan spricht ja nicht einfach von Begriffen und Zusammenhängen, sondern von einem *Gesetz*: Die Form müsse sich der Funktion anpassen, das Innere müsse am Äußeren ablesbar sein, es dürfe außen nichts anderes gezeigt werden, als innen vor sich gehe. Das ist dann allerdings keine *architektonische* Argumentation mehr, sondern eine *moralische*! Ganz offensichtlich geht es in Wirklichkeit um Wahrheit und Ehrlichkeit in der Architektur.

Sullivan ist auch in dieser Hinsicht Nachfahre und gleichzeitig Vorläufer einer von moralischem Pathos durchdrungenen Architekturauffassung, wie sie schon mit Augustus W. N. Pugin und John Ruskin begonnen hatte und dann später bei seinem Schüler F. L. Wright, bei Adolf Loos, bei Gropius und vor allem auch bei Le Corbusier sichtbar wurde. Die meisten Architekten am Beginn der Neuen Architektur argumentierten solcherart hochmoralisch und führten damit eine Kategorie ein, die bis dahin noch nicht zu den Entstehungsbedingungen von Architektur gerechnet worden war.

Man kann das als Reaktion auf die Kulissen- und Dekorationsarchitektur gegen Ende des 19. Jahrhunderts verstehen, aber die architekturfremden Kategorien »richtig« und »falsch« oder »ehrlich« und »unehrlich« nahmen in der Folgezeit doch einen unangenehm borniert, hohepriesterlichen Tonfall an und verschoben den Kern der architekturtheoretischen Auseinandersetzung unzulässigerweise auf ein fremdes Feld. Sie leisteten nämlich jener unheilvollen Autosuggestion Vorschub, die da lautete: Wenn ich alles »richtig« mache, wenn ich außen genau zeige, was im Inneren vor sich geht, wenn ich also vollkommen »ehrlich« bin und das »Gesetz« befolge, dann mache ich auch »gute« Architektur. Oder umgekehrt – und damit wird der fatale Fehlschluss vollends sichtbar, der später den Funktionalismus einleitete: Ich brauche doch nur das »Gesetz« befolgen, ehrlich sein, im Äußeren das Innere abbilden – dann mache ich *automatisch* gute Architektur!

Mit dieser Verwechslung von Moral und Kunst eröffnete die sullivansche Zauberformel scheinbar einen direkten Weg zu »guter« Architektur: Man brauchte nur das Gesetz zu befolgen. Und das haben die späteren Generationen, vor allem nach dem Zweiten Weltkrieg, dann ja auch millionenfach getan, und vor allem haben sie tatsächlich geglaubt, damit gute Architektur zu machen. Selten ist ein ganzer Berufsstand theoretisch und ideologisch derart auf ein falsches Gleis geschoben worden.

Das Haus als Maschine

Aber auch Le Corbusier schien mit seinem Schlagwort von der »Wohnmaschine«[82] – ein zentrales Leitmotiv seines Buches *Vers une Architecture* von 1922 – die Antwort bereits gefunden zu haben.

Sein Ausgangspunkt ist ebenfalls der Hass auf die Stilarchitektur und die »Orgien«[83] der dekorativen Künste. Hinzu kommt bei ihm aber eine mit unerhörter propagandistischer Wucht vorgetragene Begeisterung für die neuen Produkte der Ingenieurbaukunst und der Maschine. Er zählt all die Dinge des modernen Lebens auf: Rasierapparate, Schreibmaschinen, Telefone; die englische Pfeife, die modernen Büromöbel, vor allem aber – in drei eigenen Unterkapiteln – die Ozeandampfer, die Flugzeuge und die Autos. Welche Kraft, welche Effizienz, welche Perfektion! Und welche Eleganz! Das sind, so sagt er »Ausleseprodukte höchster Qualität«[84], Ergebnisse einer Evolution, genau wie der Parthenon-Tempel, der am Ende einer langen Entwicklungsreihe steht und schließlich zur Perfektion gelangt ist.

So muss der Lösungsweg aussehen: ein evolutionärer Prozess mit langen Serien und stetiger Verbesserung, erst der Typus, die Standardlösung, dann die Perfektion. Das ist in der Natur so: »Alle Menschen haben den gleichen Organismus mit den gleichen Funktionen«[85], das ist in der Kultur so: »Kultur ist das Ergebnis eines Ausleseprozesses«[86], und so funktioniert es auch bei den Geräten, Werkzeugen,

Maschinen aller Art, etwa beim Ozeandampfer, beim Auto und beim Flugzeug.

Gerade von Letzterem können wir aber auch lernen, wie wichtig es ist, das Problem richtig zu stellen. Das Flugzeug ist eben kein Vogel oder eine Libelle, sondern es ist »eine Maschine zum Fliegen«.[87] Erst als man das Problem so definiert hatte – also wie ein Ingenieur – und nicht mehr versuchte, die Natur nachzuahmen, fand man auch die Lösung, und in weniger als zehn Jahren hatte die Welt das Fliegen gelernt.

Also muss man das Problem des Hauses in der gleichen Weise stellen: »Das Haus ist eine Maschine zum Wohnen«[88], – dann werden sich, nach einem entsprechenden Entwicklungsprozess, daraus genau solche erregenden, faszinierenden und schließlich perfekten Lösungen ergeben wie bei einem Sportwagen von Bignan oder Mercedes.

So in etwa läuft seine Argumentation, und auch sie entfaltet, ähnlich wie bei Sullivan, eine unerhört suggestive Überzeugungskraft. Tatsächlich ist die Wirkung sogar noch stärker, weil sich bei Le Corbusier hinter dem so wirkungsmächtigen Bild der Maschine sogar drei verschiedene, argumentativ ständig durcheinanderlaufende Wege zur Form verbergen: der Weg über das *Programm*, der Weg über die *Evolution* und der Weg über die *Logik*.

Programm

Gehorcht man also, sagt Le Corbusier, den »strengen Forderungen eines unausweichlichen Programms«, entstehen »klare und eindrucksvolle Tatsachen der Formgestaltung«.[89] Man müsse nur das Programm des Hauses ähnlich definieren wie das Programm einer Maschine.

Dem steht allerdings entgegen, dass beide Programme grundsätzlich verschiedener Natur sind. In der Architektur geht es nicht vorrangig darum, ein *Objekt* zu konstruieren, sondern darum, einen *Raum* zu schaffen. Um im Bild des Sportwagens zu bleiben: Man macht die Motorhaube auf und darunter ist – nichts! Kein rassiger Motor, sondern gähnende Leere. Das Chassis ist schon alles. Das Endprodukt der Architektur ist nicht die Maschine, sondern der leere Raum.

Es geht gar nicht um geballte Technik, die aus diversen sperrigen Einzelteilen nach rein funktionalen Kriterien zusammengesetzt wird und überhaupt erst durch Verpackung oder Verkleidung ihre schnittige Form bekommt – ähnlich wie bei der biologischen Maschine Mensch die teilweise recht unansehnlichen Eingeweide erst durch das organische Chassis ihre – mehr oder minder – anziehende Form erlangen. In der Architektur wird die Leere umgrenzt, ist die Hülle schon das ganze Thema. Es geht um geschützte Räume für Aufenthalt oder sonstige menschliche Tätigkeiten, es geht um Witterungsschutz, Emissionsschutz, Einbruchschutz, psychologisch auch um den Schutz der

Privatsphäre und um Geborgenheit – im Mittelpunkt steht die *Schutzfunktion*.

Maschinen hingegen haben die Funktion, menschliche Tätigkeiten zu unterstützen, zu verbessern, zu verstärken, zu potenzieren oder gar zu ersetzen – im Mittelpunkt steht also die *Leistungsfunktion*. Und in der Natur dieser Leistungsfunktion liegt auch der Zwang zu ständiger Steigerung, Verbesserung und Optimierung. Menschlicher Erfindergeist einerseits und Konkurrenz andererseits treiben die Entwicklung pausenlos voran: Die Maschinen werden immer kleiner, größer, schneller, sicherer, perfekter; verdoppeln, verzehnfachen, verhundertfachen ihre Leistung. In der Maschinenevolution gibt es keinen Stillstand, ein fünf Jahre alter Computer ist schon eine Antiquität, ältere Produkte werden laufend durch Neuheiten ersetzt. Die Welt der Technologie hat eine »unaufhaltbare Tendenz zu sich ständig beschleunigender Veränderung«[90], stellt Buckminster Fuller fest.

Aber im Wohnungsbau – und Le Corbusier redet vom Wohnungsbau – gibt es diese Dynamik nicht: Man kann nicht immer höher, weiter, schneller wohnen. Man kann immer größer wohnen, also immer mehr oder größere Zimmer belegen, aber ab einer bestimmten Größe und Anzahl ist das kein Fortschritt mehr, sondern Protzerei. Im Wohnungsbau gibt es eine Sättigungsgrenze und damit auch ein Erlahmen des Veränderungsdrucks: Während man nur noch ungern auf einem alten Drahtesel Fahrrad fährt, erfreuen sich alte Villen einer unveränderten Beliebtheit. Aufgrund von anthropologischen Konstanten fehlt der Zwang zu ständiger Ausweitung der Leistungsgrenzen: Warm, trocken, hell muss die Wohnung sein und genug Platz bieten – der Rest ist dann schon Ausstattung, Möblierung, Dekoration.

Auch bei Le Corbusier kommt, nachdem er das Programm der Wohnmaschine großartig angekündigt hat, enttäuschend wenig: »Bäder, Sonne, heißes und kaltes Wasser, Temperatur, die man nach Belieben einstellen kann, Aufbereitung der Speisen, Hygiene, Schönheit durch gute Proportionen.«[91] Und ein paar Seiten weiter: »Schutz gegen Kälte, Hitze, Regen, Diebe, Zudringliche. Sammelplatz von Licht und Sonne. Eine gewisse Anzahl von Abteilungen für Küchenbetrieb, Arbeit und häusliches Leben.«[92] Und schließlich: »Anzahl der Räume: einen zum Kochen und einen zum Essen. Einen zum Arbeiten, einen zum Waschen und einen zum Schlafen. Dies sind die Grundbedingungen für eine Wohnung.«[93]

Wie mager! Wie erschütternd banal! Dafür diese gewaltige rhetorische Kraftanstrengung! Wo bleibt da die logische und unerbittliche Leistungsanforderung wie bei der Maschine? Es folgen zwar noch Ausführungen zu Einbauschränken jeder Art, zu Stühlen, zur Elektrizität, zur Lage und Größe des Badezimmers, zu Fenstern, Garage und Mädchenkammer – aber von gewaltigen Herausforderungen, die den ganzen Erfindungsreichtum eines Ingenieurs erfordern würden, ist nicht mehr die Rede.

Das bedeutet ja nicht, dass es beim Bauen prinzipiell keine technologischen Herausforderungen und Sensationen gäbe, die mit denen im Maschinenbau durchaus zu vergleichen wären – gerade das Ende des 19. und der Anfang des 20. Jahrhunderts waren voll davon. Es war, wie schon erwähnt, das Zeitalter der kühnen Brückenbauwerke, der riesigen Hallenkonstruktionen, der ersten gewaltigen Wolkenkratzer – alles wahre Meisterleistungen der Ingenieurbaukunst –, und alle tauchten sie in seinem Buch auf.

Aber es waren eben *Ingenieurbauwerke*, die hier zu Leitbildern aufstiegen. »Man darf sich [...] nicht darüber hinwegtäuschen, dass die Brücken von Maillard keinesfalls und die Flugzeughallen von Freyssinet kaum Architektur sind«[94], schrieb Venturi in *Learning from Las Vegas*. Und weiter: »Ein Flusstal direkt, sicher und kostengünstig zu überspannen bzw. einen großen Raum ohne störende Zwischenstützen gegen die Unbilden der Witterung zu schützen, ist alles, was von diesen Konstruktionen verlangt wird.«[95] Mit den normalen Bauaufgaben eines Architekten hat das nur wenig zu tun. Eigentlich speisen sich die ganze Schubkraft und Wucht der corbusierschen Argumentation aus den falschen Bildern.

Evolution

Es sind die richtigen Bilder, wenn man von Evolution, unerbittlicher Auslese und ständiger Weiterentwicklung spricht: Hier fand sie tatsächlich statt. Jedes Jahr längere Brücken, größere Hallen, gewaltigere Hochhäuser. Und

Ferdinand Dutert, Victor Contamin,
Galerie des Machines, Paris 1889

hier stimmte auch die Parallele zur Maschinenevolution: immer mehr Leistung, immer größere Schiffe, immer schnellere Autos. Nur im Bereich der Gebäude und der Wohnfunktionen blieben die Anforderungen in den meisten Lebensbereichen relativ konstant. Eine Leistungssteigerung in dem oben besprochenen Sinne fand hier nicht statt.

Aber der ständige Verweis auf evolutionäre Prinzipien und Ausleseprozesse entfaltete trotzdem seine suggestive Wirkung und hakte sich im Unterbewusstsein fest: Evolution – so die gängige Lehre – bedeutet eben nicht nur Entwicklung, sondern Höher-Entwicklung, vom Einzeller zum Menschen; und nicht nur Höherentwicklung, sondern zwingende, durch die Mechanismen der Evolution diktierte Höherentwicklung. Und während diese zwingende Höherentwicklung in der natürlichen Evolution noch durch die blinden Steuerungsmechanismen von Selektion und Mutation erfolgt, erleben wir in der zweiten, von Menschen gemachten Evolution, der Werkzeug- und Maschinenevolution, sogar einen durch zielgerichtetes Handeln extrem beschleunigten Prozess des Fortschritts.

Auch wenn man also, wie Le Corbusier meinte, auf dem Gebiet des modernen Bauens und Wohnens noch so beschämend weit zurücklag und noch nicht einmal die Standardlösung, den Typus erreicht hatte – und darauf zielte ja seine Wohnmaschine ab –, so blieb doch, solange man an die Evolution glaubte (und wer tat das nicht), die Verheißung oder sogar die Gewissheit, dass auf diesem Wege eines Tages

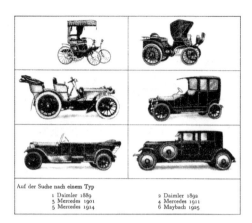

Auf der Suche nach einem Typ

1 Daimler 1889   2 Daimler 1892
3 Mercedes 1901   4 Mercedes 1911
5 Mercedes 1914   6 Maybach 1925

Evolution eines
Typus. Aus:
Le Corbusier, *Vers
une Architecture*,
1922

automatisch und zwingend die Perfektion, die Baukunst
zu erreichen sei – mit gleicher Notwendigkeit, mit der sich
aus dem Typus des griechischen Tempels 100 Jahre später
der Parthenon entwickelt hatte.

Mit dem Parthenon führt Le Corbusier nach all den Autos,
Schiffen und Flugzeugen, also Leitbildern der Maschinenevolution, die vielleicht doch nicht direkt mit einem Gebäude vergleichbar sind, endlich auch ein Beispiel aus dem
Bereich der Architektur an, um seinen Weg zur Baukunst
zu demonstrieren. Auch der Parthenon-Tempel ist für ihn
das Spitzenprodukt eines Typus, der »ein Jahrhundert zuvor schon« als Standardlösung »in all seinen Elementen
durchkonstruiert«[96] war.

Er hätte jedoch kaum ein schlechteres Beispiel wählen
können. Wir haben ja im ersten Kapitel die Entstehung

127

des griechischen Tempels betrachtet und festgestellt, dass seine baukünstlerische Gestalt wenig mit Aspekten der Leistungserfüllung und deren ständiger Steigerung zu tun hatte. Die *funktionalen* Anforderungen – Aufstellungsort für ein Götterbild – sind derart marginal und simpel, dass hierfür weder gewaltige Ingenieurleistungen noch Jahrtausende lange evolutionäre Züchtungen bis zur perfekten Funktionserfüllung erforderlich wären.

Le Corbusier wählt also sein wichtigstes architektonisches Beispiel ausgerechnet aus einem Bereich, in dem evolutionäre Entwicklung und Typenbildung gerade nicht – wie bei der Maschine – durch die Funktion vorangetrieben wurden, sondern durch ganz anders geartete, *baukünstlerische* Antriebskräfte, und in dem es – aus dem gleichen Grund – gerade keine ständige Weiterentwicklung gegeben hatte, sondern eine bemerkenswerte Konstanz, nachdem die baukünstlerische Form einmal gefundenen war.

Dabei hätte er durchaus passende Beispiele finden können, wenn er selbst die Augen aufgemacht hätte, wie er es von den Architekten seiner Zeit forderte: In Paris konnte er an jedem Boulevard endlose Reihen von Standardtypen großstädtischer Wohn- und Geschäftshäuser sehen, deren Form durchaus in einem kontinuierlichen Prozess der Rückkopplung mit der Funktion entstanden war. Andere Beispiele aus der Baugeschichte haben wir schon eingangs erwähnt: das Bauernhaus, das Fachwerkhaus, das Kaufmannshaus, die Mietskaserne.

Es gibt also tatsächlich – solange Programm und Kontext längere Zeit konstant bleiben – die evolutionäre Züchtung der Form aus der Funktion (und der Konstruktion und dem Material) auch im Bauen. Aber diese erzeugt dann eben auch immer nur die Standardlösung: den »Typus«. Es war nicht die Evolution, die den Parthenon hervorgebracht hat – es war Phidias! Es war der gestaltende Künstler, der den Typus in Baukunst verwandelte.

Logik

Auch der dritte Weg, den Le Corbusier beschwört, scheint zunächst ähnlich zwingend und nicht weniger verlockend: der Weg der Logik. Man müsse nur das Problem richtig stellen, präzise, klar und unausweichlich wie der Ingenieur, dann ergäbe sich die Lösung wie von selbst. Und zwar nicht nur die technische Lösung, sondern: Harmonie und Schönheit.

Schon im ersten Satz von *Vers une Architecture* heißt es: »Ingenieur-Ästhetik, Baukunst: beide im tiefsten Grunde dasselbe.«[97] Die Werke des Ingenieurs »sind auf dem Wege zur großen Kunst«.[98] »Er erreicht die Harmonie.«[99] Und: »Diese Harmonie hat ihre Ursachen; sie ist keineswegs Wirkung des Zufalls, sondern Produkt einer logischen Konstruktion.«[100] Im Ozeandampfer hätten »anonyme Ingenieure«[101] die Baukunst bereits erreicht.

Die Abbilder dieser Luxusliner dienen ihm dazu, das Vokabular der »neuen Architektur[!]formen«[102] aufzuzeigen, die

wie das Langfenster, die wuchtigen Dachaufbauten, die filigranen Stützen, die Promenade und die papierdünnen Fassaden bald zu seinem eigenen formalen Vokabular werden. Direkt unter der Abbildung eines Ozeandampfers zitiert er noch einmal seine eigene Aussage zur Baukunst als dem »kunstvollen, korrekten und großartigen Spiel der unter dem Licht versammelten Baukörper«[103] und die *Empress of France* nennt er »eine reine, klare, saubere und gesunde Architektur«.[104] Wohlgemerkt: Diese wunderbare Architektur stammte nicht von Architekten oder von Künstlern, sondern von Ingenieuren und Industriekapitänen. »Sie gehören zu den aktivsten Schöpfern der zeitgenössischen Ästhetik«[105] und schaffen »eindrucksvolle Tatsachen der Formgestaltung«.[106]

So einfach ist es also, zur Architektur zu kommen, können wir erneut feststellen: Man muss nur diesmal die Funktion durch die Logik ersetzen, durch das richtig gestellte Problem und seine saubere, unerbittliche Lösung. »Der Parthenontempel [...] setzt einen Maßstab dafür, welche

Vollkommenheit von einem auf ein richtig gestelltes Problem konzentrierten Menschen erreicht werden kann.«[107] Und dann vergleicht er den Parthenon auch noch mit den vorher von ihm so hochgelobten Ozeandampfern, »welche uns als die vollkommensten Erzeugnisse heutigen Schaffens erschienen sind, als die einzigen wirklich vollendeten Erzeugnisse unserer Zivilisation«.[108] Eindeutiger geht es nicht: Ein richtig gestelltes Problem und dessen logische Lösung führen zur Vollkommenheit. Baukunst ist Sache der Logik, der Analyse, des gewissenhaften Studiums; sie entsteht aufgrund eines richtig gestellten Problems.

Aber auch diese Verknüpfung wird durch die ständige Wiederholung und Variation nicht richtiger. Baukunst oder künstlerische Konzepte basieren nie auf Vernunft und Logik, sondern immer auf einer künstlerischen Inspiration, auf einer Gestaltidee,

— auf die man mit Logik und Vernunft nie kommen würde;
— für die Logik und Vernunft nicht die richtigen Schlüssel sind oder stärker noch: gerade die Falschen!
— zu denen man so lange nicht gelangt, wie man auf dem Pfad von Logik und Vernunft bleibt, von dem aus man die Tore zur Kunst gar nicht sehen kann, weil man in einem anderen Universum, Denkraum, Lösungsraum eingeschlossen ist;
— weil man mit Vernunft und Logik *vernünftige* Formen, *funktionierende* Formen, *logische* Formen erzeugen kann wie etwa einen Stuhl mit vier Beinen und einer Rückenlehne,

aber niemals anfangen würde, Gasrohre so zusammen-
zuschrauben, dass daraus der erste Freischwinger entsteht;
– weil es absolut unvernünftig ist, ein Museum so zu
bauen wie die Nationalgalerie in Berlin oder eine Kirche
so wie Notre-Dame-du-Haut von Ronchamp;
– weil es völlig unlogisch ist, den griechischen Tempel in
Stein und Marmor so zu bauen, als wäre er aus Holz!
– weil es gänzlich dysfunktional ist, einen Giebel wie bei
Gaudi so zu formen, als wäre er eine Pflanze, oder ein Ob-
servatorium so zu bauen wie den Einsteinturm.

Logik der Baukunst[109] hieß in den 1960er-Jahren ein wichtiges
und viel beachtetes Buch von Christian Norberg-Schulz,
und in der Fügung dieser drei Worte war auch 40 Jahre
nach dem Beginn der Moderne noch immer der ganze pro-
grammatische Irrtum enthalten: die falsche Verknüpfung,
die falsche Verheißung, die Vorspiegelung eines Zusam-
menhangs, der so nicht existiert. Gäbe es ihn – wir alle
könnten mit dem Taschenrechner Baukunst erzeugen.
(Dies wurde ja auch in den 1960er- und 1970er-Jahren an
den Lehrstühlen für Entwurfsmethodik versucht.)

Die Durchbildung der Form

Erstaunlicherweise beschreibt Le Corbusier jedoch inmit-
ten der Beschwörung der Maschine und der mit ihr ver-
knüpften Prinzipien von Programm, Auslese und Logik
noch einen *vierten Weg zur Form*, in dessen argumentativem
Verlauf er alles wieder zurücknimmt, was er vorher propagiert hat.

Auf einmal ist für ihn »die Durchbildung der Form frei von jedem Zwang, [...] reine Schöpfung des Geistes«[110], auf einmal sollen nicht mehr Logik und Programm gefragt sein, sondern »Genialität im Erfinderischen«[111] und »poetisches Gefühl«[112]. Er sagt: »Stellen wir diese Rangfolge wieder her! Die Architektur hat einen anderen Sinn und andere Ziele als das Wichtignehmen der Konstruktionen und die Befriedigung von Bedürfnissen. [...] Die Architektur ist die Kunst schlechthin«[113] und »steht jenseits von Nützlichkeitsfragen«.[114] (Was man von einer Maschine, deren Bauprinzip eigentlich nur auf funktionalen Zwängen basiert, kaum behaupten würde.) »Der Ingenieur hat seine Rolle ausgespielt, der bildende Künstler beginnt mit der Arbeit.«[115]

Le Corbusier schreibt sogar ein ganzes Kapitel nur über die Baukunst, und dort führt er die wahren Parameter auf, die in seinen Augen zur Baukunst führen: Ordnung, Maße, Beziehungen, Proportionen, Mathematik; klare und schöne Formen unter dem Licht; schließlich die »Anordnung«, die »Achse, auf der der Mensch aufgebaut ist, in vollem Einklang mit der Natur und wahrscheinlich auch mit dem Universum«.[116] Wir finden hier eine geradezu unglaubliche Nähe zu Leon Battista Alberti, der von drei Dingen spricht, die das Gesetz (der Schönheit) enthalten: die Zahl, die Beziehung und die Anordnung.[117]

Weiter schreibt Le Corbusier: »Baukunst heißt, mit rohen Stoffen Beziehungen herstellen, die uns anrühren.«[118] Dreimal wiederholt er das gleiche Vorwort, jeweils am Anfang der einzelnen Unterkapitel über die Baukunst, und hier wird der Ton ein ganz anderer: »Aber mit einem Mal greift es mir ans Herz, tut mir wohl, ich bin glücklich, ich sage: Das ist schön. Das ist Baukunst. Das ist Kunst. [...] Beziehungen [...], die mich im Innern ergriffen haben. Das ist Architektur.«[119]

Wie ist das zu erklären? Kann man sich selbst eklatanter widersprechen? Welchen Sinn ergibt es, all die Maschinen, Silos, Fabriken, Ozeandampfer, Flugzeuge und Autos aufmarschieren zu lassen und mit ihnen propagandistisch und in den schrillsten Tönen auf den Leser einzuhämmern, wenn man am Ende immer wieder betont, dass all diese Dinge gar nichts mit Baukunst zu tun hätten, dass diese vielmehr eine reine Schöpfung des Geistes sei?

Es gibt tatsächlich keine Möglichkeit, diese Widersprüche im Text aufzulösen: Der Text *ist* widersprüchlich. Aber man kann zu erklären versuchen, was Le Corbusier tatsächlich meint. Immer, wenn er von der Maschine, der Auslese, dem Programm oder den Leistungen der Ingenieure spricht, meint er in Wirklichkeit die Standardlösung, den Typus – auch wenn er Architektur oder Baukunst sagt oder den Parthenon ins Spiel bringt. Diese Unschärfe lässt sich vielleicht dadurch erklären, dass die Standardlösung natürlich auch in den vollendeten Formen enthalten ist – als erste Stufe. Als solche hat auch sie bereits eine Form, und zwar eine allgemeine, für alle geltende Form: Alle Menschen, alle Autos, alle griechischen Tempel haben – im Prinzip – die gleiche Form. Und nur diese allgemeine Form kommt durch das Programm, durch Auslese und durch Logik zustande. Sie ist *keine* künstlerische Form! Als allgemeine, etwa für Millionen von Gesichtern geltende Grundform kann sie es gar nicht sein.

Die künstlerische Form entsteht erst in einem zweiten Schritt, den er die »Durchbildung der Form«[120] nennt. An ihr »entscheidet sich, ob er [der Architekt] Künstler ist oder nicht«.[121] Sie haucht den rohen Steinen Leben ein, hier tritt Phidias auf den Plan, der den schon völlig durchkonstruierten dorischen Tempel des Iktinos und Kallikrates in das absolute Meisterwerk der Baukunst verwandelt – nur durch vollendete Geometrie, durch präzise Beziehungen, durch millimetergenaue Proportionen. Innerhalb dieses winzigen Sektors und nur durch den Einsatz der von ihm angeführten wahren Einflussfaktoren der Baukunst wird aus einem Standardtyp jene Baukunst, die unsere Seele anrührt.

Le Corbusier unterscheidet also zwischen der Typus-Form und der künstlerisch durchgebildeten Form. Das ist der entscheidende Punkt. In Wirklichkeit kämpft er das ganze Buch hindurch an diesen zwei entgegengesetzten Fronten: »Typen sind Sache der Logik, der Analyse, gewissenhaften Studiums; [...] Baukunst ist gestaltende Erfindung, [...], ist eine Kunst höchster Würde.«[122]

Dieser Zweifrontenkrieg erklärt sich aus der historisch einmaligen Situation, der schon erwähnten Stunde Null, in der sich die Architektur zu diesem Zeitpunkt befand: Es war eben nicht nur ein überkommenes Formensystem an die Grenzen seiner Kapazität gelangt und musste durch ein neues ersetzt werden; am Ende des 19. und am Beginn des 20. Jahrhunderts war das System der Alten Baukunst insgesamt durch das Aufkommen völlig neuer materieller und konstruktiver Grundlagen an sein endgültiges Ende gelangt. Gesucht wurde daher nicht mehr nur ein neues formales Konzept, sondern gesucht wurde ein völlig neues Bild des Hauses, ein neuer Archetypus auf der Basis der neuen technologischen Möglichkeiten. Das »Haus an sich« konnte jetzt – und musste – ganz neu gedacht werden.

In dieser Situation gehörte Le Corbusier zu den Wenigen, die vor dieser gewaltigen Herausforderung nicht zurück-scheuten, nicht die Augen abwandten, sondern tatsächlich ins Nichts blickten – schon 1914 mit seinem *Domino-System* und dann, von einer merkwürdigen Inkubationszeit während des Ersten Weltkriegs mit der *Villa Schwob* in La Chaux-de-Fonds abgesehen, ab 1920 in Paris. In einer Zeit, in der die meisten Architekten etwas unentschlossen zwischen Jugendstil, Neuer Sachlichkeit und Expressionismus hin und her schwankten, erfuhren die Überlegungen zu einer neuen Architektur durch Le Corbusier eine beispiel-lose Radikalisierung. Denn nur er setzte tatsächlich die komplette Neuerfindung des Hauses auf die Agenda: So neu sollte es sein wie das Motorflugzeug, das ja auch erst seit knapp 20 Jahren existierte.

Dieser Anspruch erklärt auch den teilweise hysterischen und von Sendungsbewusstsein durchdrungenen Tonfall des damals immerhin schon 35-Jährigen. Er wollte nicht nur jenen Prozess der Typenbildung, der in der alten Geschichte des Bauens vielleicht Tausende, in der neueren immer noch Hunderte von Jahren benötigt hatte, in höchstens zehn Jahren für das neue Haus nachvollziehen; er wollte darüber hinaus auch noch in wenigen Jahren von diesem neuen Typus bis zur Perfektion gelangen – ein Vorgang, dem er, bezogen auf den Weg des griechischen Tempels vom Typus bis zum Parthenon, immerhin hundert Jahre zugebilligt hatte. Deshalb wählte er auch nur ungern Beispiele aus dem Bauen – das dauerte alles viel zu lange –, sondern wechselte gleich auf das Feld der Maschinenevolution mit ihrer ungeheuren Dynamik und mit Abständen zwischen Aufgabenstellung und Problemlösung, die auch für ihn die Chance eröffneten, in einer überschaubaren Zeit den Durchbruch zu einer neuen Architektur zu erreichen.

Und solange sein Ziel der neue Prototyp, der neue Haus-Standard war, waren sein Vorgehen und seine Argumentation ja auch völlig logisch und richtig. Er bezog sich lediglich auf den bekannten, anerkannten und so überaus erfolgreichen Weg, auf dem die Menschheit in ihrer gesamten Werkzeug-, Geräte- und Maschinenevolution vorangegangen war.

Natürlich entstand die Form des Löffels, des Hammers, des Stuhls ebenso wie die des Autos, des Ozeandampfers, des Flugzeugs aus solchen funktionalen, materiellen, konstruktiven und logischen Überlegungen. Deshalb schlug sein Buch ja auch ein wie eine Bombe. Selbst wenn man als Leser den Pfad der ganzen Werkzeug-, Geräte- und Maschinenevolution wieder verließ, so wusste man doch aus der Geschichte des Bauens und aus der täglichen Praxis, dass die senkrechten Wände keiner künstlerischen Form-Idee entsprangen, sondern das Ergebnis unerbittlicher Anforderungen der Schwerkraft und der Statik waren; dass Dächer nicht schräg waren, weil dadurch eine schöne Form entstand, sondern weil auf diese Weise das Wasser am besten abgeleitet werden konnte; dass Größe und Form der meisten Räume über Jahrtausende nicht künstlerisch begründet waren, sondern das zwingende Ergebnis vorhandener Balkenlängen und angestrebter gleicher Balkenquerschnitte; dass auch die Tür- und Fensteröffnungen ihre hochsenkrechte Form nicht der künstlerischen Vorliebe für Vertikalität verdankten, sondern den beschränkten Möglichkeiten der Sturzausbildung.

Kurz: Alles Grundsätzliche und Wesenhafte an dem Typus des alten Hauses ließ sich logisch aus dem Programm, den vorhandenen Materialien und den konstruktiven Möglichkeiten erklären. Wollte man also einen *neuen* Typus, einen Prototyp des Neuen Hauses kreieren – weil es jetzt ganz neue technologische Möglichkeiten gab –, musste man ganz ohne jeden Zweifel genau diese, also die *gleichen Strategien* anwenden.

Und weil das so überzeugend und so richtig und so logisch war, übersah man den einzigen Schönheitsfehler in der Argumentation, den Haarriss, die winzige Diskontinuität: All diese Verfahren führten tatsächlich zum Bauen, sogar zum neuen Bauen, zu völlig neuen Bauformen – aber sie führten nicht zur Baukunst! Man hatte sich auf die Suche nach neuen Wegen zur Baukunst gemacht – und was man fand, waren die alten Wege zum Typus. Aber der Typus ist keine künstlerische Kategorie! (Das wäre ein Widerspruch in sich.)

So wie der Typus des Autos, des Ozeandampfers und des Flugzeugs natürlich von Ingenieuren, Erfindern, Technikern und Pragmatikern entwickelt worden war, so war die Urform des alten Hauses durch Handwerker, Praktiker, in Wirklichkeit überhaupt nicht durch Einzelpersonen, sondern durch einen kollektiven, sich über Jahrtausende hinziehenden Optimierungsprozess hervorgebracht worden – und nicht durch Künstler.

Aber jetzt waren es auf einmal die Künstler, die sich begeistert auf diese neue Rolle stürzten und den Anschein erweckten, als gehörte sie zu ihrem ureigensten Metier. Auch Le Corbusier sah sich gerne in dieser titanischen Doppelfunktion: den neuen Typus erschaffen und diesen dann auch noch bis zur Perfektion, zur Baukunst voranzutreiben. Um beides geht es in *Vers une Architecture*, um beide Kriegsschauplätze gleichzeitig: Dass man zur Typus-Form über die allgemein anerkannten Strategien der natürlichen und der Maschinenevolution kommt – Programm, Logik,

Auslese; dass die *künstlerische* Form vernünftigerweise auf der *logischen* Form aufbaut, und zwar durch den Prozess der »Durchbildung der Form«, durch bildhafte Umwandlung, durch Veranschaulichung und Versinnlichung, durch »den rohen Steinen Leben einhauchen«, durch Vervollkommnung, Anmut und Harmonie; und dass schließlich das Ergebnis dieser »Durchbildung«, dass Kunst dann etwas völlig anderes ist – reine Schöpfung des Geistes nämlich, jenseits von Logik und pragmatischen Erwägungen.

Er täuschte sich nur in zwei Punkten: Zum einen glaubte er tatsächlich an den problemlosen Übergang vom Typus zur Baukunst, vom Standardtyp des griechischen Tempels zum Parthenon. Nicht automatisch zwar, sondern eben durch die »Durchbildung der Form«, aber im Sinne einer linearen Entwicklung oder Steigerung bis hin zur Perfektion. Weil er selbst Künstler war und von daher mühelos den Sprung über den Abgrund zwischen rationalen Kriterien und künstlerischer Gestalt schaffte, weil er sich alle Dinge, mit denen er umging, sofort künstlerisch anverwandelte, sah er das Problem gar nicht und konnte der festen Überzeugung sein, streng nach funktionalen, rationalen und logischen Gesichtspunkten vorzugehen, und dabei trotzdem großartige Kunstwerke hervorbringen.

Er konnte nicht sehen, dass etwa sein Maison Citrohan mit *dieser* Art des riesigen, zweigeschossigen Südfensters, mit *dieser* einläufigen Außentreppe mit Zwischenpodest und mit *diesen* Dachaufbauten nicht das logische Produkt

seines Programms war, sondern eine geniale künstlerische Umsetzung, die, nachdem sie einmal aufgezeichnet war, zwar völlig logisch, selbstverständlich und unmittelbar einleuchtend wirkte, auf die aber trotzdem vor ihm noch niemand gekommen war! Dass für ihn die »Durchbildung der Form« nicht das geringste Problem war, hieß nicht, dass es für jemanden, der kein Künstler war, nicht das entscheidende Problem war, die unüberwindliche Hürde, die auf keinem Weg, durch keine Logik und durch kein noch so zwingendes Programm überwunden werden konnte.

Zum zweiten täuschte er sich in seiner prinzipiellen Einschätzung der Situation. Die extreme Radikalisierung der Problemstellung, die Zuspitzung auf den totalen Neuanfang entsprach eher seinem eigenen Selbstverständnis als Menschheitserlöser als der realen Situation. Im Gegensatz zu den vielen Maschinen, die er anführte, gab es das Haus ja schon. Es gab vorher nie Flugzeuge, aber gewohnt hatte man schon immer. Und auch gut und bequem und perfekt. Schon die Villen der alten Römer ließen – wenn man den Beschreibungen der Zeitgenossen Glauben schenken darf – kaum einen Wunsch offen. Und in Le Corbusiers eigener Zeit waren gute Wohnungen und Häuser, die passten wie ein Maßanzug, erst recht kein prinzipielles Problem. Hermann Muthesius etwa baute solche Häuser – und Le Corbusier hatte sie vielleicht in seiner Berliner Zeit gesehen –, die noch 100 Jahre später auf dem Immobilienmarkt jeden Neubau deklassieren.

In Wirklichkeit war das Wohnen nichts prinzipiell Neues oder anderes: Das wurde schon an seinen eigenen Versuchen deutlich, ein sensationell neues Programm aufzustellen – und an deren kläglichem Scheitern. Erforderlich waren sicherlich Anpassungen an die neuen Lebensverhältnisse und an die gewandelten ökonomischen und sozialen Bedingungen, vor allem bessere Wohnungen für die Arbeiterklasse – aber mehr auch nicht. Kein revolutionärer Umbruch und deshalb auch – kein neuer Archetypus.

Aus dem gleichen Grund lief auch das enorme Leistungspotenzial der neuen Materialien Stahl und Stahlbeton für die normalen Bauaufgaben schlichtweg ins Leere: So viel Leistung war nur für Brücken, Fabrikhallen, Hochhäuser oder Bahnhöfe erforderlich. Im normalen Bauen konnte man mit den neuen Materialien ohne Zweifel erhebliche ökonomische und herstellungstechnische Erfolge erzielen, auch große Zeitgewinne durch Standardisierung –, aber die benötigten Räume wären in den meisten Fällen auch mit der alten Technik herzustellen gewesen und wurden ja auch bis dato völlig zufriedenstellend hergestellt, auch große Theatersäle, Museen, Regierungspaläste und wahrhaft gigantische Kirchen.

Daher hat Le Corbusier auch in diesem für ihn so wichtigen Punkt keinen Erfolg gehabt: Er hat *den* neuen Typus nicht geschaffen! Er hat zwar seine »Fünf Punkte«[123] formuliert und für ihn waren sie die Eckpunkte des neuen Typus – aber es war eben nicht der allgemeine, logische, zwingende, unerbittliche Typus des neuen Hauses, sondern zum Schluss doch nur der Typ »Le Corbusier«. Freier Grundriss (3) und freie Fassade (5) – ja, aber das Haus auf Stützen (1), der Dachgarten (2) und das Langfester (4) – nein. Die beiden ersten Punkte waren zu allgemein, sie generierten keine Form, nicht einmal eine Typus-Form. Und die anderen drei waren zu speziell und auch nicht wirklich logisch und zwingend – nur für Le Corbusier selbst. Er baute dann zwar die Villa Savoye, in der sich seine »Fünf Punkte« kristallisierten, aber die Villa Savoye war nicht der neue *Typus*, sie war überhaupt nicht verallgemeinerbar und anwendbar auf eine Vielzahl von ähnlichen Bauaufgaben und blieb auch in seinem eigenen Schaffen singulär: Die Villa Savoye war vielmehr eines der größten Meisterwerke der *Baukunst* jener Zeit!

DAS VORBILD DER ABSTRAKTEN MALEREI

Wenn aber alle Theorien von Sullivan, Werkbund, Bauhaus und Le Corbusier vom Weg zur Kunst über die Funktion, das Programm, die Logik und den Typus in die Irre führten: Wie kamen dann trotzdem all die Meisterwerke der Baukunst, die Ikonen der Moderne, die teilweise noch heute Inspiration und Vorbild sind, wie also kam dann der grandiose Aufbruch der modernen Architektur zustande? Er wurde – unter anderem – möglich, weil eine Nachbar-Disziplin inzwischen einen Ausweg aus der traditionellen Kunst in Richtung der eigenen Erneuerung, in Richtung einer Kunst des Industriezeitalters gefunden hatte: die Malerei.

Diese hatte ja im Laufe des 19. Jahrhunderts ihre traditionelle Rolle noch stärker eingebüßt als die Baukunst. Auf der einen Seite waren die meisten Inhalte, denen sie seit Jahrtausenden künstlerischen Ausdruck verliehen hatte, ähnlich schal geworden wie die repräsentativen Aufgaben der Baukunst: Sakrale Motive hatten in einer Zeit stürmischer Industrialisierung ebenso ihre Bedeutung verloren wie die Darstellung feudaler Pracht oder altertümlichen Schlachtengetümmels; bürgerliche Motive wie Stillleben, Porträts, See- und andere Genrestücke waren bei gleichbleibend hohem handwerklichen Niveau oft genug zu routinierter Stimmungsmalerei herabgesunken, Ateliermalerei und Akademiekunst, ähnlich der zur gleichen Zeit produzierten architektonischen Akademieprojekte – und von ähnlich

El Lissitzky, Proun-Raum,
Große Berliner Kunstausstellung, 1923

geringem gesellschaftlichen Belang. Man konnte natürlich auch die gesellschaftlichen Realitäten darstellen – und die besten Künstler taten dies –, aber dies musste dann auf eigene Rechnung geschehen, weil sich kein zahlender Bourgeois Szenen aus den Elendsvierteln der Proletarier zur Erbauung in seinen Salon hängte.

Für die Malerei als darstellende Kunst kam aber noch hinzu, dass sie von der aufkommenden Fotografie eines großen Teils ihrer ursprünglichen Funktion beraubt wurde und dadurch zusätzlich in ihrer ökonomischen Existenz bedroht war. Die Realität-abbildende oder die Realität nur nachstellende Form der künstlerischen Tätigkeit wurde mehr und mehr überflüssig. Was blieb, war Impression, Expression, Vision und – Ästhetik.

Alle diese Wege wurden beschritten, und so begannen die Maler, sich noch intensiver mit ihren eigenen Mitteln, mit den autonomen Qualitäten von Farben, Flächen, Strukturen, Linien und Helligkeitswerten zu beschäftigen, sie begannen Stück für Stück die obsolet gewordenen Inhalte abzustreifen, bis schließlich nur noch der ureigenste Kern der Malerei übrigblieb.

Dieser Prozess war deshalb so quälend und schwierig, weil jeder Schritt in Richtung inhaltlicher Reduktion jeweils durch ein neues oder weiterentwickeltes ästhetisches Konzept *kompensiert* werden musste, und er war deshalb eine so unerhörte künstlerische Leistung, weil es für diesen

Vorgang in der gesamten bisherigen Geschichte der Malerei kein Vorbild, kein Beispiel, keine Hilfestellung gab. Mit dem Versuch, ein ästhetisches Konzept für den Umgang mit abstrakten, von jeder zusätzlichen Bedeutung gereinigten Grundelementen zu entwickeln – Elemente, die nicht mehr »für etwas«, sondern nur noch »für sich« standen – wurde zu Beginn des 20. Jahrhunderts tatsächlich völliges Neuland betreten.

Die Begründer der abstrakten Malerei entwickelten also eine Methode, bestimmten Kombinationen abstrakter Elemente einen neuen und hohen ästhetischen Reiz abzuringen. Und genau dieses Konzept – und nicht die Funktion, nicht die Logik und nicht die Überlegungen zum Typus – schlug dann auch die Brücke zum Bauen und schuf die Grundlagen, die den Architekten und Architektinnen den Weg zu einer neuen Baukunst ebneten.

Es waren die gleichermaßen abstrakten, auf ihren nackten Kern reduzierten Konstruktions- und Funktionselemente – Betonstützen, Deckenplatten, Wandscheiben etc. –, für die jetzt durch die Vorarbeit der abstrakten Malerei ein ästhetisches Konzept, eine *künstlerische* Form gefunden werden konnte, die nichts, aber auch gar nichts mehr mit der alten Form der Baukunst-Erzeugung zu tun hatte und die trotzdem Baukunst war, neue Baukunst, ein neues Prinzip, Baukunst zu erzeugen. Das Prinzip einer *Baukunst des Industriezeitalters*, die nicht mehr auf den Reiz handwerklich bearbeiteter Oberflächen oder auf den Glanz baukünstle-

rischer Schmuck- und Repräsentationsformen angewiesen war, sondern aus den Gegebenheiten der neuen Zeit ein ganz anderes, eigenes Kunst- und Formkonzept entwickelte.

Moderne Baukunst also, die in der Folge »Neue Architektur« genannt wird, um nicht nur die zeitliche Abgrenzung, sondern vor allem den Wesensunterschied zur Alten Baukunst unmissverständlich deutlich zu machen.

DURCHBRUCH ZU EINEM NEUEN FORMKONZEPT

Auf dieser Basis wurde der Durchbruch zur Neuen Architektur zwischen 1920 und 1923 maßgeblich von drei Seiten vorangetrieben: von der Künstlergruppe *De Stijl* in den Niederlanden, von den russischen Konstruktivisten – und von Le Corbusier. Weniger vom Bauhaus, das sich bis 1921 noch in seiner expressionistischen Phase befand und bis 1927 nicht einmal Kurse in Architektur anbot.

Bereits 1917 hatte sich die niederländische Künstlergruppe *De Stijl* gegründet, der neben Theo van Doesburg – der eigentlich treibenden Kraft hinter *De Stijl* – unter anderem die Maler Piet Mondrian, Vilmos Huszár, Bart van der Leck und die Architekten Jacobus Johannes Pieter Oud, Jan Wils, Gerrit Rietveld und Robert van't Hoff angehörten. Innerhalb der Gruppe brachte van der Leck die Verwendung der Primärfarben ein – in der Folge ein Markenzeichen Mondrians (und später dann des Bauhauses) –, van Doesburg

Le Corbusier, Villa La Roche-Jeanneret, Paris, 1923

die schwarzen Streifen, die eigentlich aus den Bleieinfassungen der Glasmalerei stammten. Van't Hoff war in den USA gewesen und ein begeisterter Anhänger von Frank Lloyd Wright geworden – wie unschwer an seiner Villa Henny zu erkennen ist – und beeinflusste in diesem Sinne wiederum Oud und Wils sehr stark.

Wright, der schon 1905–1910 mit seinen *Präriehäusern* die »Zerstörung der Schachtel«[124] vollzogen hatte, indem er die Baukörperteile und Wandscheiben weit in den Raum ausgreifen ließ und damit – völlig eigenständig – ein neues, geniales Gebäudekonzept hervorgebracht hatte, wurde zu einem entscheidenden Einfluss bei *De Stijl* (und später auch bei Mies van der Rohe).

Frank Lloyd Wright
Robie House
Chicago
1909

In Russland hatte sich Kasimir Malewitsch 1915 vom Kubismus bis zum schon erwähnten Nullpunkt *Schwarzes Quadrat auf weißem Grund* vorgearbeitet und in der Folge den Suprematismus begründet, der an der Entwicklung der neuen Ästhetik rein formaler, von allen Gegenstandsbezügen befreiter Elemente maßgeblich beteiligt war. Von 1914–1921 war auch Wassily Kandinsky, der dann ab 1922 am Bauhaus lehrte, in Russland und traf 1920 im Institut für Künstlerische Kultur (INChUK) unter anderem Malewitsch und auch Wladimir Tatlin, der mit seinem Monument der 3. Internationale zu den Begründern der sogenannten »Maschinenkunst« gehörte.

Einer der wichtigsten Multiplikatoren in dieser Zeit war der Avantgardekünstler Eliezer »El« Lissitzky, der vor dem Ersten Weltkrieg in Deutschland Architektur studiert hatte, 1919 Malewitsch und dessen Suprematismus kennenlernte und durch diese Begegnung entscheidend beeinflusst wurde – und der dann 1920 in Berlin auf Theo van Doesburg traf. Ab dieser Zeit gab es einen engen Austausch, El Lissitzky entwickelt ab 1921 seine Proun-Bilder und im Mai 1922 bildeten van Doesburg und Lissitzky zusammen mit den russischen Konstruktivisten auf dem internationalen Kongress fortschrittlicher Künstler in Düsseldorf die sogenannte »Internationale Fraktion der Konstruktivisten«.

Im gleichen Jahr veranstaltete van Doesburg im Herbst auch einen Konstruktivisten-Kongress in Weimar, und Lissitzky organisierte in Berlin die »Erste Russische Kunstausstellung«, an der viele der bedeutendsten Vertreter aus Russland teilnahmen, unter anderem Malewitsch, Rodtschenko, Wesnin und Tatlin. Natürlich sahen auch alle fortschrittlichen deutschen Architekten diese Ausstellung (die dann nach Amsterdam weiterwanderte), Lissitzky hielt Vorträge in Holland, publizierte in der Zeitschrift *De Stijl* und gestaltete gleichzeitig die Proun-Räume auf der »Großen Berliner Kunstausstellung«. In den dort gezeigten

Bildern wurden die engen Verbindungen zu Malewitsch, Rietveld, van Doesburg und *De Stijl* offensichtlich.

Schließlich hatten sich auch noch – ausgerechnet auf dem Konstruktivisten-Kongress in Weimar – die beiden Landsleute Theo van Doesburg und Cornelius van Esteren kennengelernt. Der Architekt van Esteren trat *De Stijl* bei, begann, mit van Doesburg zusammenzuarbeiten – und auf einmal, 1923, materialisierten sich alle diese Einflüsse schlagartig in drei Prototypen der Neuen Architektur, dem *Maison d'Artiste*, dem *Maison Particulière* und dem *Maison Rosenberg*, so genannt nach dem Besitzer der Galerie *L'Effort Moderne* in Paris, Leonce Rosenberg, der diese Modelle – zusammen mit weiteren Beiträgen von Oud, Rietveld, Mies van der Rohe, Jan Wils und anderen – ausgestellt hatte.

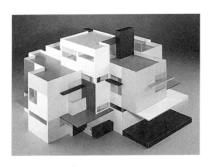

Cornelius van Esteren /
Theo van Doesburg
Modell der
Maison Particulière, 1923

In dieser Ausstellung treffen wir auch Le Corbusier wieder, der bei der Eröffnung anwesend war und der inzwischen seinen eigenen Weg zu einer neuen Architektur gefunden hatte. Nach dem radikalen Domino-Projekt von 1914 war er

1917 endgültig nach Paris gegangen und hatte dort durch Auguste Perret den Maler Amédée Ozenfant kennengelernt, der ihn motivierte, das Malen wiederaufzunehmen, und ihn mit der Pariser Kunstszene bekannt machte. 1918 stellten beide bereits zusammen in der Galerie Thomas aus und veröffentlichten das Manifest des Purismus *Apre le Cubisme*. In ihren Bildern verzichteten sie auf die kubistische Gleichzeitigkeit der Darstellung verschiedener Ansichten eines Gegenstandes und trieben die Reduktion und Abstraktion durch das Zusammenstellen möglichst alltäglicher und reiner »Typen« voran, etwa bauchige Karaffen, Bistrogläser, Tellerstapel, – »Familienportraits des Maschinenzeitalters«.[125]

Die allgemeine Begeisterung Le Corbusiers für die Maschine und die Typisierung trat auch in seinen Aufsätzen der damaligen Zeit hervor, die er in der 1920 gemeinsam mit Ozenfant und Paul Dermée gegründeten Zeitschrift *L'Esprit Nouveau* veröffentlichte und die später in seinem ersten Buch *Vers une Architecture* zusammengefasst wurden.

Um 1920 kristallisierte sich aus dieser Ideenwelt der puristischen Malerei und der Maschinenästhetik, der Reduzierung und Typisierung schließlich auch ein *architektonisches* Projekt heraus, das drei Jahre vor den »Rosenberg-Modellen« einen Durchbruch in der modernen Architektur markierte: das Maison Citrohan. Julius Posener bemerkt dazu: »Es entstand in dieser Zeit nichts, was sich mit Le Corbusiers Konzept hätte vergleichen lassen, nichts, das wie dieses in die Zukunft gewiesen hätte.«[126] Und es war, wie schon das Domino-Projekt, ein Typenhaus, schon der Name war Programm: *Citrohan* wie Citroën – »ein Haus wie ein Auto«.[127]

Bald folgten weitere Typenprojekte: Häuser für Arbeiter, für Handwerker, für Künstler, ein ganzer Villenblock aus gleichen, zweigeschossigen Modulen. 1922 entstanden auch die ersten realisierten Gebäude, etwa die Villa Vaucresson und das Atelier seines Malerfreundes Ozenfant und dann, 1923, die Villa La Roche-Jeanneret, in deren Planungszeit der Besuch der Galerie *L'Effort Moderne* fiel, wo Le Corbusier die »Rosenberg-Modelle« sah.

Der Anblick der schwerelos im Raum schwebenden, abstrakten Kontra-Konstruktionen van Doesburgs und der auf reine Scheiben und Öffnungen reduzierten Villen-Modelle van Esterens muss ihn förmlich elektrisiert haben.

Unter dem Eindruck dieser abstrakten Bilderwelt löste sich Le Corbusier, der bis dahin in seiner Malerei zwar extrem abstrahierte, aber nicht abstrakt malte, der inzwischen vollständig moderne Häuser entwarf, aber immer noch Häuser, von den letzten Bindungen an konventionelle Fügungen und fand den Weg zu einem gänzlich freien Umgang mit den modernen Bauelementen.

Le Corbusier, Halle der Villa La Roche-Jeanneret, 1923

Nach diesem spektakulären Ereignis ging es Schlag auf Schlag: Schon ein Jahr später, 1924, baute Rietveld das *Haus Schröder* in Utrecht, ein »gebautes Mondrianbild« und ein wahrer Programmbau der Bewegung, Oud begann die Wohnsiedlung Hoek van Holland (1924–27) und Le Corbusier, dessen Villa La Roche-Jeanneret inzwischen mit ihrer spektakulären mehrgeschossigen Erschließungshalle als weiterer Prototyp der Moderne zu besichtigen war, begann bereits mit der Planung der Wohnsiedlung Pessac, während die Rosenberg-Modelle durch eine Ausstellung in Weimar endlich auch das Bauhaus erreichten.

1925 folgte der Pavillon de l'Esprit-Nouveau in Paris von
Le Corbusier und bald danach, 1925–26, entwarf und baute Gropius in Dessau das neue Bauhausgebäude und die
Meisterhäuser. Schließlich, Ende 1926, begann unter Mies
van der Rohe bereits die Planung für die Weißenhofsiedlung in Stuttgart, bei der dann alle versammelt waren: die
Niederländer mit Oud und Stam, der Franzose Le Corbusier und jetzt auch viele Deutsche, unter anderen Gropius,
Mies van der Rohe, die Gebrüder Taut, Poelzig, Behrens
und Scharoun.

Mit dieser Siedlung wurde der Durchbruch der Neuen Architektur zum ersten Mal auch für eine breitere Öffentlichkeit sichtbar, weil hier eine ganze Siedlung und nicht
nur isolierte Einzelhäuser gebaut und gezeigt wurden und
weil sich diese Siedlung in einem erstaunlich einheitlichen
Erscheinungsbild präsentierte, obwohl die 21 Häuser und
Hausanlagen von 16 verschiedenen Architekten aus ganz
Europa geplant worden waren. Ganz offensichtlich war
hier eine neue Architektur geboren.

KANONISIERUNG ALS INTERNATIONALER STIL

Dieses Gefühl spiegelte sich auch in den theoretischen
Manifesten und Publikationen jener Zeit wider und gipfelte schon fünf Jahre später, 1932, in der Proklamation
eines neuen, des »Internationalen Stils«[128] durch Henry-
Russell Hitchcock und Philip Johnson in ihrer Buchver-

Alvar Aalto, Sanatorium, Paimio,
1929–1933

öffentlichung anlässlich einer Ausstellung über moderne Architektur in New York.

Der Name dieses neuen Stils ging auf den Titel des ersten Bandes der *Neuen Bauhausbücher* von Walter Gropius zurück. Ausgerechnet Gropius, der sich Zeit seines Lebens gegen die Klassifizierung des Neuen Bauens als Stil zur Wehr setzte, stellte schon 1925 in seinem »Bilderbuch moderner Baukunst«[129] – so seine eigene Kennzeichnung – »gemeinsame, für alle Länder übereinstimmende Gesichtszüge«[130] der neuen Werke fest, eine »Einheitlichkeit des modernen Baugepräges«[131] über die Grenzen individueller und nationaler Beschränkungen hinweg und kam auf diesem Weg zu dem Titel »Internationale Architektur«.[132] Und im Vorwort zur zweiten Auflage konstatierte er: »Das Gesicht der modernen Bauten [...] ist in den Hauptzügen übereinstimmend. Während Gotik, Barock, Renaissance einst intereuropäische Geltung besaßen, beginnt der neue Baugeist unseres technischen Zeitalters unaufhaltsam die ganze zivilisierte Welt zu erobern.«[133]

Hier stellte also Gropius selbst die moderne Baukunst in eine Reihe mit den alten Baustilen. Im gleichen Jahr, 1927, sprach auch Walter Curt Behrendt vom »Sieg des neuen Stils«[134], und ein Jahr später stellten eine Reihe führender Architekten in der *Erklärung von La Sarraz* anlässlich der Gründung des *CIAM (Congrès Internationaux d'Architecture Moderne)* »eine grundlegende Übereinstimmung ihrer Auffassung vom Bauen [...] fest«.[135]

Trotzdem war die Proklamation eines neuen Stils ein kühner Schritt: Zum einen waren noch keine zehn Jahre seit der Formulierung der ersten Projekte vergangen – ein für die Entstehung und Konsolidierung eines Stils eigentlich undenkbar kurzer Zeitraum –, zum anderen bestanden Hitchcock und Johnson damit auf einer dezidiert künstlerischen und ästhetischen Komponente der modernen Architektur, die von vielen Protagonisten immer noch vehement geleugnet wurde.

So ist ihr Buch auch ein Plädoyer gegen den Determinismus der »europäischen Funktionalisten«[136] – sie erwähnen als Beispiel Hannes Meyer –, welche die Architektur einseitig dem Diktat von Technik, Ökonomie und Funktion unterordnen wollten. Ohne die Bedeutung dieser Aspekte herunterzuspielen, geht es Hitchcock/Johnson in ihrem Buch doch vorrangig um die ästhetischen Qualitäten des neuen Stils, und es ist ihr Verdienst, diese als Erste umfassend thematisiert und herausgearbeitet zu haben. Nichts wäre falscher, als den »Funktionalismus«, der ja später fälschlicherweise selbst in den Rang eines Stils erhoben wurde, mit dem »Internationalen Stil« von Hitchcock und Johnson gleichzusetzen.

Es sind wenige, aber, wie sie selbst sagen, breit wirksame Prinzipien, die sie nacheinander beleuchten, als Erstes: »Architektur als umschlossener Raum«.[137] Damit ist das Prinzip von Skelett und Hülle gemeint, verdeutlicht an einem Faltboot oder einem Regenschirm, Objekte also mit einer starken inneren Struktur und einer äußeren Bespannung. Die Wände hätten an Bedeutung verloren und die Zeichnungen »moderner Grundrisse haben sich symbolhaft auf Punkte, die Stützen darstellen, und auf Linien als Trennwände und Wetterschutzhaut reduziert«.[138] Damit sei die Wirkung von Masse, eben noch primäre Qualität von Architektur, zugunsten »offener Behälter«[139] verschwunden. Absicht sei das »Erzielen eines möglichst reinen Körpers [...], dessen Oberflächen in ihrer Wirkung nicht unterbrochen sein sollten«.[140] Deshalb seien etwa Fenster mit tiefen Laibungen »wirklich ein architektonischer Fehler«[141]. Kanonisch sei selbstverständlich auch das Flachdach.

In einem Zwischenkapitel werden die *Materialien* auf ihre stilistische Eignung hin bewertet: Putz sei stilkonform, allerdings nur Glattputz; Holz, möglichst fugenlos verlegt und gestrichen ebenfalls, Naturstein nur in Form dünner Platten, als Vorhangfassade; auch Fliesen und Glasbausteine seien erlaubt, nur Mauerwerk sei ästhetisch unbefriedigend, wirke immer massig.

Das zweite Prinzip nennen sie »Bemühung um modulare Regelmäßigkeit«[142] und meinen damit das gleichmäßige Raster der Tragstruktur, das mit den unregelmäßigen und ungleichen Funktionen innerhalb des Gebäudes zu koordinieren sei. Allerdings räumen sie auch mögliche Probleme ein: Modulare Regelmäßigkeit könne zu »Monotonie« oder zu langweiligen und »stumpfsinnigen Gebäuden«[143]

führen. Weitere stilistische Merkmale seien: *Asymmetrie, Rechtwinkligkeit* und *Horizontalität*.

Das dritte Prinzip lautet: »Vermeidung aufgesetzter Dekorationen«.[144] Hier geht es nicht um die Dekoration selbst, sondern um sondern um das Wort »aufgesetzt«, denn nach Meinung Hitchcocks und Johnsons gab es »nie Architektur ohne irgendwelche Dekorationselemente«.[145] Im Internationalen Stil dienten daher gut durchgearbeitete Details als Entsprechung: Fenster mit dünnen Metallrahmen, Geländer als filigrane Reling, keine plumpen Dachüberstände, sondern minimale Attikaabdeckungen; bei Stützen seien »runde Querschnitte ästhetisch – und gewöhnlich auch technisch – am besten«.[146] Auch Beschriftungen seien ein geeignetes Mittel, sie »dekorieren ein Gebäude, ohne die Außenflächen zu beeinträchtigen«[147], müssten aber gut lesbar sein, keine Schreibschrift. Und natürlich spielten auch Farben eine Rolle. Kanonisch sei zwar Weiß, kleinere Flächen reiner Elementarfarben seien aber möglich, Metallprofile schwarz. Die Autoren warnen allerdings vor Übertreibung: Architektur solle »nicht zu Plakatwänden verkommen«.[148]

So weit in Kürze die theoretischen Prinzipien. Als Beleg für ihre These von der Existenz eines neuen Stils fügten sie im anschließenden Bildteil Abbildungen von ca. 80 herausragenden Bauten der Neuen Architektur hinzu, die vielleicht noch wichtiger als der Text waren. Anders als bei Gropius stammten diese Bauten fast alle aus der Zeit zwischen 1928 und 1931 und demonstrierten damit die atemberaubend schnelle und länderübergreifende Verbreitung einer relativ einheitlichen modernen Architektur. Dass diese Bilder jeweils auch noch positiv oder kritisch kommentiert wurden (richtig/falsch, gut/schlecht), hat die kanonische Wirkung nicht unerheblich verstärkt.

Später musste sich Hitchcock daher gegen den Vorwurf zur Wehr setzten, eine »Sammlung von Rezepten«[149] verfasst zu haben, was sicherlich nicht seine Absicht gewesen war. Aber das Buch wurde so rezipiert, weil es, wie Hitchcock selbst im Vorwort der Ausgabe von 1966 schreibt, »eine schlüssige Verschmelzung der Arbeitsweise der drei neuen, von der internationalen Avantgarde akzeptierten Köpfe Le Corbusier, Gropius und Mies van der Rohe anbot«.[150]

REALE UNEINHEITLICHKEIT

Tatsächlich kam die postulierte »Verschmelzung der Arbeitsweisen« jedoch eher durch eine selektive Auswahl und Zusammenstellung der gezeigten Gebäude und der in ihnen enthaltenen Stilelemente zustande. Hitchcock und Johnson schlugen sich dabei zunächst auf die Seite Le Corbusiers. Drei seiner »Fünf Punkte« wurden von ihnen uneingeschränkt in ihren Kanon übernommen: die Stützen (1), der freie Grundriss (3) und die freie Fassadengestaltung (5). Hinzu kam ihr Plädoyer für reine Volumina ohne viele Anbauten, also das »Erzielen eines möglichst reinen

Körpers«, wie ihn ja auch Le Corbusier bevorzugte. (»Die primären Formen sind die schönen Formen«.[151])

Solche Punkte fanden sich jedoch eher selten in den ästhetischen Prinzipien der anderen Protagonisten. Bei *De Stijl* ging es weder um reine Volumina noch um Stützen oder Skelettsysteme, sondern um Scheiben! Und es gab zwar Stützen im Bauhausgebäude, aber als durchgängiges Skelettsystem nur im Werkstattflügel, in den anderen Bereichen kaum und in den Meisterhäusern überhaupt nicht. Dementsprechend finden sich dort auch keine freien Grundrisse, sondern durch Mauern und Scheiben fixierte Räume. Auch die »freie Fassadengestaltung« war nur im Werkstattflügel des Bauhausgebäudes mit seinem berühmten *Curtain wall* verwirklicht, im Appartementblock schon nicht mehr und bei den Meisterhäusern auch nicht, jedenfalls nicht in dem Sinn, wie Le Corbusier es meinte und wie es Hitchcock und Johnson übernahmen: dass die Decken über die Stützen auskragen sollten und die Gebäudehülle als Vorhangfassade beliebig gestaltbar war.

Das Wesen des modernen Skelettsystems besteht ja nicht darin, dass es in einem Gebäude Stützen gibt, vielleicht auch viele und in regelmäßiger Anordnung: Dann könnten alle gotischen Kathedralen und alle griechischen Tempel als Skelettsysteme figurieren! Das Wesen des modernen Skelettbaus besteht darin, dass die Außenwand gar nicht mehr *trägt*, nicht einmal sich selbst, sondern vor oder an der inneren Tragstruktur *hängt*. Sein spezifischer Charakter wird daher nur sichtbar, wenn die Außenwand deutlich *vor* dem tragenden Innenskelett verläuft, tatsächlich als Vorhang, der möglichst über dem Sockel oder dem Erdgeschoss endet – sonst ist es nur eine in Stützen und Balken aufgelöste, aber weiterhin tragende Außenwand.

Unabhängig davon sind auch in der Weißenhofsiedlung die beiden Häuser Le Corbusiers die einzigen, die sichtbar auf Stützen stehen, obwohl doch gerade Mies van der Rohes Gebäude ein Stahl-Skelett-Bau war – ein Zeichen dafür, wie wenig Le Corbusiers Kollegen dieses Merkmal als elementares Prinzip verinnerlicht hatten oder anerkannten.

Vor allem aber fand sich auf der holländisch-deutschen Seite keine kompakte, geschlossene Umrissform: Bei *De Stijl* dominierte gerade die Auflösung dieser geschlossenen Baukörperform, seine Zerlegung in Scheiben, das Komponieren von innen nach außen, weit in den Raum hinausgreifend, windmühlenflügelartig wie beim Bauhaus oder geschachtelt wie bei den »Rosenberg-Modellen« oder den Meisterhäusern.

Auch Mies van der Rohe trieb in der Tradition von Frank Lloyd Wright – erst bei seinem Landhaus aus Backstein von 1922 und dann beim Barcelona-Pavillon – die offene Raumstruktur bis zum »fließenden Raum« voran, eliminierte also das Prinzip der »Architektur als umschlossener Raum« vollständig, indem er nur noch Leitplanken stellte. Dafür legte er über diese Leitplanken dann eine weit auskragende

Dachplatte, wie sie Le Corbusier zu dieser Zeit nicht im Traum eingefallen wäre: ein Flachdach zwar, aber mit seiner extremen Betonung des Daches als eigenständigem, sogar dominierendem Element ein elementarer Verstoß gegen die kanonische Flachdach-Lösung mit Attika als einfacher Fortsetzung der aufgehenden Wand, als Nicht-Dach.

Auch bei den Fenstern herrschte keine Einheitlichkeit. Das Langfenster Le Corbusiers, der vierte seiner »Fünf Punkte«, tauchte zwar in den Beispielen des Internationalen Stils zahlreich auf, aber es gab auch die frei und künstlerisch komponierten, eingeschnittenen Öffnungen wie bei den Meisterhäusern. In der Grammatik des Barcelona-Pavillons wiederum waren separate Fenster überhaupt nicht vorgesehen, frei nach Wright, der meinte, »Löcher zu schneiden, war Sachbeschädigung«.[152] Andererseits verwendete Mies dann auch wieder das Langfenster als prägendes Elemente bei der Villa Tugendhat.

Auch bei Oud – um gemäß Hitchcock und Johnson hier den vierten der »führenden Köpfe der modernen Architektur«[153] anzuführen – gab es Langfenster, zusammen mit komponierten Einzelöffnungen, aber dann gab es bei ihm auch noch runde Ecken. Für die Architekten von *De Stijl*, zu denen er ja vorher gehörte, undenkbar. Und es gab auch bei ihm, jedenfalls bei den gezeigten Beispielen, keine Stützen, sondern tragende Querwände. Eine freie Grundrissgestaltung war nur innerhalb dieser engen Schottenabstände möglich, dafür waren die Fassaden in der Regel nichttragend ausgebildet. Bei Oud dominierte auch eher das Prinzip der gleichförmigen, seriellen Reihung, wie es dann fast überall bei den Siedlungsbauprojekten der 1920er-Jahre vorherrschte und wie es natürlich auch in der Natur dieser Bauaufgabe liegt: Wohnungen für das Existenzminimum – ganz im Gegensatz zu den großen Villenprojekten von Gropius, Mies van der Rohe und Le Corbusier.

Soweit allein schon die unvereinbaren Gegensätze in den ästhetischen Prinzipien der vier Leitfiguren der Moderne. Nimmt man weitere Exponenten hinzu, wird die Aufrechterhaltung der These eines einheitlichen Stils noch schwieriger.

Hitchcock und Johnson zeigen zwar auch ein Projekt von Mendelsohn, das Kaufhaus Schocken in Chemnitz, unterdrücken aber vollständig den prägenden formalen Impuls, den dieser in die Architektur der 1920er-Jahre eingebracht hat: die Dynamisierung der Form, gegen die alle Häuser der Weißenhofsiedlung wie steife Kisten daherkommen. Auch Scharoun wird mit einem Gebäude erwähnt, aber gerade nicht mit seinem Weißenhof-Beitrag: Der passte mit den auskragenden Dachüberständen und den vielen Rundungen nicht ins Bild. Und schließlich fehlen auch einige bedeutende Architekten der 1920er-Jahre gänzlich in der Auswahl von Hitchcock und Johnson: Bruno Taut etwa oder Hugo Häring. Taut hatte sich mit seiner »Tuschkasten-Architektur«, etwa bei der Gartenstadt Falkenberg, und auch mit der starken Farbgebung im Detail unbeliebt gemacht, und Häring war den meisten Kollegen mit den organischen Formen des Guts Garkau und einigen frühen Wohnhausprojekten schon bald ein Dorn im Auge, obwohl er als Theoretiker und Vertreter der deutschen Richtung des Funktionalismus noch länger eine Rolle spielte. Bei Gropius zählte er 1925 noch zum inneren Kreis, 1932 dann – wie viele andere – nicht mehr.

So blieb als tatsächliche Schnittmenge der ästhetischen Prinzipien des Internationalen Stils lediglich ein kleines Segment übrig:

— das Flachdach
— die Ornament- und Schmucklosigkeit
— die Aufhebung der Massewirkung
— die Rechtwinkligkeit
— die Asymmetrie
— die Horizontalität
— die Farbe Weiß mit Primärfarben-Akzenten
— die filigranen Fenster- und Geländerprofile
— die glatt und flächig eingesetzten, einfachen Materialien

Völlig aus dem Rahmen fiel Mies van der Rohes Barcelona-Pavillon mit seinem demonstrativen Einsatz kostbarer Materialien aus dem Bereich der Alten Baukunst, Onyx, Marmor, Edelhölzer, Bronze und Chrom, sowie mit dem Schmücken des Gebäudes durch plastische Kunst in Form der *Kolbefigur*, ein wahrlich archaischer Reflex. Gänzlich ignoriert wurden auch die Begeisterung Le Corbusiers für die ebenfalls aus der Alten Baukunst stammenden Proportionssysteme, denen er in *Vers une Architecture* ein ganzes Kapitel widmete (»Die Maß-Regler«[154]), und seine Vorliebe für latent vorhandene Teilsymmetrien und Achsen, auf die Colin Rowe und Fred Koetterer in ihrem Essay *Transparenz*[155] hingewiesen haben.

Der propagierte gemeinsame Stil war also schon damals ein theoretisches Konstrukt, das viel mehr ausschloss als es einschloss. In der Realität waren der Barcelona-Pavillon, die Villa Savoye und das Bauhausgebäude in Dessau das Ergebnis jeweils völlig eigenständiger formaler Konzepte. Es hatte einen Punkt relativer Einheitlichkeit gegeben: 1927 zur Zeit der Weißenhofsiedlung, und davon ausgehend konnte man vielleicht auch noch 1932 – trotz der inzwischen aufgetretenen offenkundigen Unterschiedlichkeiten – darauf hoffen, dass die weitere Entwicklung wieder konvergieren würde. Bekanntlich ist aber das genaue Gegenteil eingetreten: statt *Konvergenz* immer weitergehende *Divergenz*!

Man muss sich nur vor Augen führen, was die gleichen Architekten 20 Jahre später bauten – Le Corbusier die Wallfahrtskirche Ronchamp, Mies van der Rohe das Farnsworth House und Gropius das am ehesten in der Bauhaus-Tradition steckengebliebene Graduate Center –, um die Illusion eines gemeinsamen Stils endgültig zu begraben, wie es Hitchcock in seinem Vorwort zur Ausgabe von 1966 dann auch folgerichtig tat.

Im Nachhinein erscheint dieses winzige Zeitfenster von 1927 wie ein stilistisches Nadelöhr, durch das die Architektur jener Zeit hindurchging – oder wie ein Waffenstillstand, auf den sich eine bestimmte Gruppe von Architekten für kurze Zeit einigte, bevor sie, die aus allen Richtungen gekommen waren, wieder in alle Richtungen auseinanderstoben.

Hitchcock selbst benutzt in dem Vorwort von 1966 ein anderes Bild. Er vergleicht das Architekturgeschehen jener Zeit mit einem Fluss, »der zuerst langsam floss, breit und frei, mit vielen Strudeln und Seitenarmen vor 1920, sich dann aber in den zwanziger Jahren zu einem engen Kanal zusammenzog, sodass das Wasser nach den physikalischen Gesetzen der Strömungslehre mit fast revolutionärer Gewalt vorwärts schoss«. Anschließend, »während der frühen dreißiger Jahre begann der Fluss sich zu verbreitern und wieder Mäander zu bilden«.[156]

DIE DEFIZITE DES INTERNATIONALEN STILS

Trotzdem bleibt die Frage, warum der Internationale Stil – oder auch der grandiose Aufbruch des modernen Bauens insgesamt – nicht zum Ausgangspunkt einer neuen Hochsprache werden konnte? Warum wurde er nicht *die* Neue Architektur? Warum erwiesen sich seine Grundlagen als so brüchig, dass sich selbst die Protagonisten schon bald wieder von ihm abwandten und eigene Wege gingen?

Die konstruktiven Defizite

Geht man noch einmal an den Ausgangspunkt zurück, so war der Durchbruch zur Neuen Architektur ja wie ein kleines Wunder gewesen. Es war, als wenn hier – wie vormals bei den Griechen – aus den elementaren Bauelementen selbst – nur diesmal aus den neuen, modernen – eine neue Baukunst entstanden wäre. Und so erzählt es ja auch die Legende…

Bei genauerem Hinsehen verfolgen beide Systeme aber eine exakt entgegengesetzte Strategie:

— Das griechische Formkonzept fügte der Konstruktion viele Elemente hinzu, die zum Tragen nicht unbedingt erforderlich waren, wohl aber zur Veranschaulichung des Tragens. Es verfolgte also eine Strategie der *Anreicherung* und der *Veranschaulichung*.
— Das neue Formkonzept der 1920er-Jahre ließ hingegen, da es aus der abstrakten Malerei stammte, viel mehr weg, als eigentlich immer noch für das Tragen und die Konstruktion erforderlich war, und verbannte die notwendigen Kompensationsmaßnahmen in den unsichtbaren Bereich der Bewehrung oder in das Innere der Bauteile. Es verfolgte also eine Strategie der *Reduktion* und der *Abstraktion*.

In der Realität sind Gebäude aber keine Bilder und Wände oder Decken keine bunten Modellbauteile, die man mit minimalen Auflagerpunkten zu einer filigranen Raumskulptur zusammenfügen kann. Die in den hundertfach vergrößerten und hunderttausendfach schwereren realen Bauelementen auftretenden Spannungen und Belastungen können oft nur mit äußerster Mühe und massivstem Einsatz von verborgenen Stahlträgern und Bewehrungseisen dazu gebracht werden, so schwerelos-schwebend in Erscheinung zu treten, wie es die abstrakte Ästhetik vorschreibt (siehe etwa Mies van der Rohes Haus Lange mit seinem regelrechten Stahlkorsett oder die verborgenen Stützen im Barcelona-Pavillon).

Auch die sonstigen realen Anforderungen an die Bauteile, Dämmung, Dichtung, Wetterschutz etc., die das Erscheinungsbild oft plump und uneinheitlich machen, etwa beim Übergang von innen nach außen, waren ästhetisch eine inakzeptable Störung und mussten kaschiert werden, selbst unter Inkaufnahme von Bauschäden, die es dann ja auch in der Folge reichlich gegeben hat.

In Wirklichkeit musste das ästhetische Konzept der sperrigen Realität des Bauens immer wieder neu aufgezwungen werden, weil seine Ursprünge gerade nicht – wie bei den Griechen – aus der Konstruktion kamen, oder besser: aus der Veranschaulichung der Konstruktion, sondern aus der abstrakten Kunst. Sie kamen aus einem von allen Spuren der Realität gereinigten virtuellen Raum. Seine Erfinder waren Maler, nicht Architekten. Die Architekten griffen dieses Konzept nur so begierig auf, weil sie händeringend nach einem passenden Ausdruckssystem für ihre neue Architektur suchten. Sie nahmen dafür sogar in Kauf, dass

dieses System zu der Bauwirklichkeit (zumindest der damaligen Zeit) gar nicht passte, dass es aufgesetzt war. Sie
hatten wenig Scheu vor den konstruktiven Problemen und
den bauphysikalischen Mängeln, die bei der Umsetzung
dieses abstrakt-ästhetischen Konzepts in die Baurealität
unvermeidlich waren, aber sie hatten große Scheu davor,
diese Defizite an die große Glocke zu hängen.

Es blieb der Nachkriegsgeneration vorbehalten, die mühselige und unerquickliche Debatte über konstruktive Ehrlichkeit und Materialgerechtigkeit zu führen, weil die
führenden Architekten der 1920er-Jahre hartnäckig totschwiegen, dass es ihnen um Kunst ging – und nicht um
Konstruktion.

Zu geringe Kapazität

Ein weiteres Problem war, dass die abstrakten Prinzipien
des Internationalen Stils, wie sie im letzten Abschnitt
zusammengefasst wurden, zur Konstituierung einer funktionierenden Sprache keineswegs ausreichten. Das Schema
der weißen, rechtwinkligen, asymmetrisch-geschachtelten
Box mit ihrer klinisch-abstrakten Maschinenästhetik bot
zwar einerseits eine unendliche Menge von Lösungen, andererseits waren die Varianten aber auch belanglos: Kannte
man eine, kannte man alle. Rechtwinkligkeit, Asymmetrie,
Horizontalität und Flachdach konnten ein konkret ausformuliertes, differenziertes Vokabular, das in unterschiedlichen Situationen auch unterschiedlich eingesetzt werden
konnte, nicht ersetzen.

Walter Gropius, Meisterhäuser,
Dessau, nach 1950

Außerdem blieben die Ausdruckmöglichkeiten des Internationalen Stils semantisch auf jenen schmalen Ausschnitt reduziert, der mit diesem Repertoire darstellbar war: »Modern«, »Fortschritt«, »Leichtigkeit«, »Maschine« etc. Das reichte nicht für die nächsten 50 Jahre, das reichte nicht einmal für die nächsten fünf! Hinzu kam, dass die »maschinenhafte Funktionalität« spätestens mit ihrer flächendeckenden Ausbreitung auch ästhetisch jeden Glanz verlor.

Vor allem aber reichte die Kapazität dieses formalen Systems nicht einmal aus, um die neuen *funktionalen* Anforderungen abzudecken, aufgrund derer es angeblich geschaffen worden war. Da waren auf der einen Seite die großräumigen Bauaufgaben wie Fabriken oder Kaufhäuser, bei denen die kunstvolle Zerlegung in Scheiben oder die asymmetrische Komposition im Raum wenig Sinn ergab und schlichtweg dysfunktional war. Da waren auf der anderen Seite die kleinen Arbeiterwohnungen mit nur drei oder vier Räumen, die ganz andere räumliche Anforderungen stellten. Oud, als er mit solchen Aufgaben betraut wurde, löste sich sehr schnell von *De Stijl* und schrieb: »In einer so abstrakten Ästhetik lag kein Ansatzpunkt für einen gesunden, allgemeingültigen und großzügigen sozialen Wohnungsbau.«[157]

Auch die großen Leistungen der damaligen Siedlungsbauer in Deutschland wie Bruno Taut, Ernst May, Martin Wagner etc. hatten weniger mit der Anwendung formalästhetischer Prinzipien des Internationalen Stils zu tun (von Flachdach und weißer Farbe abgesehen, und bei Taut stimmte nicht einmal das), als mit der sorgsamen und ernsthaften Bemühung um die realen Wohnbedürfnisse der kleinen Leute. Man kann ihnen das gar nicht hoch genug anrechnen – es hat sie aber auch ihre Stellung in der vordersten Reihe der Avantgarde-Architekten gekostet.

Die nämlich bauten Villen: Villa Savoye, Villa Stein, Villa Thugendhat – und nicht ohne Grund entstanden hier, jenseits aller funktionalen Zwänge und ohne finanzielle und räumliche Beschränkungen, einige der wahren Ikonen der Moderne, Meisterwerke der Baukunst. In diesen Freiräumen konnte die puristische Ästhetik ihren ganzen künstlerischen Reiz entfalten, als tragfähige Basis für alle Bauaufgaben aber war sie ungeeignet.

Keine Auffangebenen mehr

Noch bedenklicher war, dass dieses formale System tatsächlich nur als Kunst funktionierte, als perfekte künstlerische Komposition, wie sie sich in den gerade erwähnten Villen materialisierte. Jeder Abstrich, jedes Einlenken oder Nachgeben gegenüber der Realität – und sei es nur in Form eines notwenigen Fallrohres – konnte sofort das ganze Bild verderben, machte es banal oder vulgär, ließ es aus der Sphäre der Kunst herausfallen in die profane und belanglose Alltagswelt. Es gab keine qualitative Auffangebene mehr!

Weil es aber immer nur wenige Bauaufgaben gibt, die genügend Freiraum lassen, um eine rein künstlerische

Komposition zu realisieren, und weil es darüber hinaus auch unter den Architekten und Architektinnen immer nur wenige wirkliche Künstler gibt, liefen immer mehr Gebäude, die die Ebene der Kunst nicht erreichten, Gefahr, sehr schnell banal und unansehnlich zu werden. Es fehlten jetzt die Auffangebenen der Alten Baukunst: Statt visueller und haptischer Qualitäten eines hochwertigen Materials – nur weißer Glattputz; statt handwerklicher Bearbeitung und Detaillierung – möglichst glatte, maschinelle Flächen; statt Variantenreichtum – Standardisierung; statt Informationsreichtum – kein Unterschied mehr zwischen nah und fern, beim Näherkommen kamen keine neuen Informationen hinzu; statt Anschaulichkeit des strukturellen Aufbaus – abstrakte geometrische Kompositionen; statt Maß- und Proportionssystemen – DIN-Normen.

Es gab also keine Kompensation jenseits der Kunst mehr. Es gab nur Kunst – oder gar nichts! Mies sagte zwar: »Less is more« – aber er verschwieg, wie sehr *er* dieses »less« dann kompensierte, etwa durch die edelsten Materialien. Außerdem: *Er* war ja Künstler, noch dazu einer der größten der Neuen Architektur.

Für die überwiegende Mehrzahl der Architekten aber war das Zurückgeworfen-Sein auf dieses reduzierte, abstrakte, unsinnige Repertoire ohne außerkünstlerische Kompensationsmöglichkeiten eine regelrechte Falle. Denn Reduktion ohne Kompensation führt immer zu Banalität. Und das war es, was mit einem großen Teil des modernen Bauens geschah: *Reduktion ohne Kompensation*. Und das ist auch die Erklärung für die fast flächendeckende Unwirtlichkeit der Nachkriegszeit: Reduktion ohne Kompensation durch Kunst.

Dass das Repertoire des Internationalen Stils keine qualitative Ebene unterhalb der Kunst bereitstellte, dass *alles* Kunst sein musste – eine völlig absurde und unerfüllbare Forderung – oder sonst sehr schnell banal wurde, war ein weiteres, schweres Defizit, für die gebaute Umwelt wahrscheinlich sogar das folgenreichste.

Elitäre Ästhetik

Aber selbst dort, wo der Internationale Stil Kunst hervorbrachte, höchste Kunst, war dies keine Kunst für ein breiteres Publikum, sondern ähnlich exklusiv und elitär wie die abstrakte Malerei – oder die gesamte Kunst der Avantgarde – und blieb daher weitgehend ohne Resonanz und Akzeptanz bei der Bevölkerung. Diese verspürte wenig Neigung, in avantgardistischer Kunst und klinisch weißen Wänden zu leben, da nützte auch die erzieherische Strenge und das Sendungsbewusstsein der 1920er-Jahre-Architekten nichts.

Diese hatten ja die Baukunst – im Gleichschritt mit der gesellschaftlichen Entwicklung – sozusagen demokratisiert und wollten jetzt auch die Massen an der Kunst teilhaben lassen, die vorher nur der herrschenden Klasse zugänglich gewesen war. Die Massen sollten dadurch erhoben, wenn nötig auch ästhetisch erzogen, aus ihrer ästhetischen Unmündigkeit befreit werden.

Die Bevölkerung hat ihnen diese Absichten jedoch nicht gedankt. So – und dann auch noch von einer elitären Minderheit diktiert – hatte sie sich die »Baukunst für alle« nicht vorgestellt und zeigte daher wenig Interesse, die private Sphäre ihrer Wohnungen zu Zwecken der Kunst umfunktionieren zu lassen. Die Menschen hatten durchaus das Gefühl, selber zu wissen, wie sie wohnen wollten, und ließen sich nur ungern von selbst ernannten Missionaren, die jetzt überall in die kulturelle Wüste ausschwärmten, Vorschriften machen, wie sie »richtig« wohnen sollten.

Otto Bartning
Siemensstadt Berlin
Aufenthaltsraum
für Kinder, 193

Es ist fraglich, ob die Menschen überhaupt in Kunst wohnen wollen, aber sie wollten – bis auf eine verschwindend geringe Minderheit – gewiss nicht in *dieser* abstrakt-puristischen Kunst leben, bei der die Unordentlichkeit der alltäglichen Lebensprozesse und das Einschleppen vielfältiger nicht-künstlerischer Gebrauchsgegenstände ständig und nachhaltig die Reinheit des Bildes, die Sphäre der reinen

Kunst störte. Leben und Kunst passten nicht zusammen, doch diese Diskrepanz führte nicht dazu, dass die Architekten ihr Kunstkonzept überdachten, sondern nur dazu, dass sie ihre Kunstwerke jetzt möglichst ohne Einrichtungsgegenstände – es sei denn, diese waren von ihnen selbst entworfen – und ohne Bewohner fotografieren ließen. Schon zu diesem Zeitpunkt begann jene tiefgreifende Entfremdung zwischen Architekten und Bevölkerung, die sich bis heute kaum verringert hat.

Kein Ausdruckssystem für Repräsentation

Ein letztes, ausschlaggebendes Defizit des Internationalen Stils war schließlich die fehlende Möglichkeit, Bedeutungsunterschiede auszudrücken, also zumindest ansatzweise jene repräsentative Funktion zu übernehmen, die in der gesamten Alten Baukunst im Zentrum gestanden hatte.

Repräsentatives Bauen ist tatsächlich *der* blinde Fleck der 1920er-Jahre-Architekten. Sie haben bei ihrer Revolte gegen die Stilarchitektur immer nur die *formale* Seite gesehen – und diese verabscheut –, aber sie sahen nicht die *Funktion* dieser aufwendigen Prachtentfaltung. Sie haben überhaupt nicht registriert, dass sie mit der Abschaffung des schal gewordenen Dekorationssystems der Alten Baukunst zugleich die Möglichkeit abschafften, *die gesellschaftliche Bedeutung einer Bauaufgabe* zu symbolisieren.

Oder anders gesagt: Sie haben mit der Eliminierung der Alten Baukunst sozusagen das Kind mit dem Bade ausgeschüttet – und wunderten sich dann, wenn sie reihenweise die großen, internationalen Wettbewerbe verloren, obwohl ihre Entwürfe doch unbestreitbar viel besser waren – und immer verloren sie gegen die Stilarchitektur! Schuld daran waren allerdings nicht nur die Beharrungskräfte der Alten Baukunst – die auch, und die üblichen Intrigen –, schuld war auch das völlige Fehlen einer modernen Möglichkeit, die gesellschaftliche Bedeutung etwa eines Völkerbundpalastes auch architektonisch von derjenigen der Verwaltungszentrale einer Zigarettenfabrik zu unterscheiden.

Tabakfabrik
Van Nelle
Rotterdam
1925–1931 (lks.).
Wettbewerb
Völkerbundpalast
1927 (re.)

Doch selbst wenn man der Meinung war, dass die moderne Zeit der Ozeandampfer und der Flugmaschinen solcherart Vokabular nicht mehr benötigte – und es ist anzunehmen, dass etwa Le Corbusier felsenfest dieser Meinung war –, so konnte dies doch nur für die privaten Bauaufgaben gelten, nicht für die Bauten der staatlichen Institutionen. Selbst wenn es keine Kaiser und Könige mehr gab und der Adel irrelevant geworden war, gab es trotzdem noch genügend repräsentative Bauaufgaben: Regierungsbauten, Opern,

Kirchen, Rathäuser, Konzernzentralen, die nach einer angemessenen architektonischen Entsprechung verlangten. Und damit blieb auch die alte Forderung an die Architektur in Kraft, die gesellschaftliche Bedeutung solcher Institutionen auch deutlich hervorzuheben. Aber das Ausdruckssystem des Internationalen Stils enthielt keine Möglichkeit, Differenz zu erzeugen, die besondere Bedeutung gesellschaftlicher oder privater Institutionen zu symbolisieren.

Zusammen mit den anderen, bereits angesprochenen Defiziten war dies der Grund, warum die Architektur des Internationalen Stils keine neue, allgemeine Sprache begründete, sondern nur ein neues formales System, einen Stil. Zu einer Sprache, wie sie im Kapitel über die Alte Baukunst beschrieben wurde, fehlten ihr grundlegende Voraussetzungen:

— ein eigenständiges, differenziertes und anschauliches Vokabular (statt eines Kanons abstrakter Prinzipien);
— eine funktionierende, allgemein verbindliche und tatsächlich aus den konstruktiven Möglichkeiten der neuen Baumaterialien abgeleitete Grammatik (statt einer formalen Adaption von Vorbildern aus der abstrakten Kunst);
— ein differenziertes System der Bedeutungszuordnungen (Semantik), das in lang andauernden kulturellen und gesellschaftlichen Prozessen entstanden, gewachsen und in der Gesellschaft und ihrer Kultur verankert war.

So war der Internationale Stil lediglich die Erst-Inszenierung der Neuen Architektur, der schon bald weitere folgen mussten, um die Defizite auf allen Ebenen durch Neuansätze und Repertoireerweiterungen zu beheben. Das tut im Übrigen der Genialität dieser Erst-Inszenierung keinen Abbruch.

—

3

DIE ENTFALTUNG
DER NEUEN ARCHITEKTUR

DAS PRINZIP DER INSZENIERUNG

Wie sollte es also weitergehen – ohne funktionierende Sprache, ohne gemeinsame Basis, ohne verbindliche Regeln, die über das enge Korsett des Internationalen Stils hinauswiesen? Wer weiterkommen wollte, musste die dort gesetzten Grenzen überschreiten, in alle Richtungen, auf allen Ebenen – und das ist es, was in den nächsten 50 Jahren, von 1950 bis 2000 geschah.

Immerhin schälte sich, wenn man die unterschiedlichen Wege eines Mies van der Rohe, eines Mendelsohn, eines Gropius oder eines Le Corbusier noch einmal Revue passieren lässt, doch ein gemeinsames Muster heraus: *das Prinzip der Überhöhung, der Inszenierung*.

Für den Sprung von der technisch-rationalen Bauweise, wie sie damals propagiert wurde, zu einem künstlerisch gestalteten Objekt reichte es offensichtlich nicht aus, das neue Material, die neue Konstruktion, den neuartigen funktionalen Aufbau nur zu zeigen, sondern diese neuen Elemente und Prinzipien mussten mit Bedeutung und ästhetischen Qualitäten aufgeladen, eben: inszeniert werden. So, wie es ihnen ihre Malerkollegen mit der abstrakten Malerei vorexerziert hatten: aus an sich bedeutungslosen Grundelementen wie Linien, Flächen, Farben, Formen und Strukturen durch ästhetisch kalkulierte Anordnung, Komposition und In-Szene-Setzen eine neue künstlerische Form, eine neues ästhetisches Konzept zu finden.

Es reichte also nicht aus, etwa die durch die neuen Technologien möglich gewordene Aufhebung der Grenze zwischen innen und außen, deren Gestaltung das entscheidende Merkmal traditioneller Gebäude gewesen war, lediglich
sichtbar zu machen, etwa durch größere Fenster, sondern
die geschlossene Gebäudeform musste – um in eine ästhetische Ausdrucksform transformiert zu werden – gänzlich
zertrümmert und die Außenwände in einzelne Scheiben
zerlegt werden, die weit in den Raum hinausgriffen und
umgekehrt den Außenraum bis ins Innerste des Hauses
vordringen ließen.

Es reichte – angeblich um die Sichtverhältnisse zu verbessern – nicht aus, liegende Fenster von Wand zu Wand zu
führen, sondern die Fassade musste komplett in horizontale Streifen zerschnitten werden, um die neue, nicht mehr
tragende Bauweise der Außenwand in Szene zu setzen.

Es genügte auch nicht, die durch die neuen Materialien
gewonnene Freiheit der Formgebung nur anzuwenden,
um vielleicht dynamische Funktionsabläufe im Inneren
zu optimieren, sondern diese Freiheit musste – wie etwa
bei Mendelsohn – durch eine Dynamisierung der äußeren
Erscheinungsform symbolisiert, auf die Spitze getrieben
werden.

Und es reichte schließlich nicht aus, die verschiedenen
funktionalen Bereiche des Bauhausgebäudes durch deren
Verteilung auf einzelne, ablesbare Baukörper in überzeu-

gender Weise sichtbar zu machen, sondern es musste darüber hinaus das Leitbild des »Industrial Design«, dem sich das Bauhaus nach seinem Umzug nach Dessau verschrieben hatte, durch eine riesige gläserne Industriefassade inszeniert werden, ohne die das Gebäude nie zu seiner ikonischen Wirkung gelangt wäre. (Obwohl diese Fassade sowohl im Sommer wie auch im Winter sehr bald zu unerträglichen Arbeitsbedingungen führte, also gänzlich dysfunktional war.)

Die Architekten der 1920er-Jahre fanden also eine Möglichkeit, *direkt* – ohne den Umweg oder das Hilfsmittel einer allgemeinen Sprache – von einer technisch-rationalen Bauweise zu Meisterwerken der Baukunst zu gelangen: das Prinzip der Inszenierung. Es bot die Möglichkeit, einen bestimmten Aspekt oder eine gewünschte Aussage so weit zu überhöhen oder auf die Spitze zu treiben, dass eine andere Sicht auf das Bauen insgesamt oder eine neue Facette in Erscheinung trat, die sich vorher so noch nie in der Wahrnehmungswelt manifestiert hatte und die jeweils die Vorstellung der Menschen von dem, was im Bauen möglich war und was Neue Architektur sein konnte, erweiterte.

Welcher Aspekt dies allerdings war, ergab sich nicht mehr aus dem Projekt selbst oder aus der konkreten Arbeit an der Form, sondern aus der *individuellen Disposition* des jeweiligen Architekten oder der jeweiligen Architektin.

Von daher lag es in der Natur dieses Prinzips – einer *Gestaltung ohne Sprache* –, dass alle neuen Lösungen *Einzelleistungen* waren. Der Entwurf des Glashochhauses in der Friedrichstraße von Mies van der Rohe basierte nicht auf einer allgemein verbindlichen Typologie des Bürohochhauses, sondern war zum damaligen Zeitpunkt (1922) eine völlig singuläre, neuartige Gestaltidee, genau wie der Einsteinturm von Mendelsohn, das Maison Citrohan von Le Corbusier, die Präriehäuser von Frank Lloyd Wright und die vielen anderen herausragenden Bauten der damaligen Zeit.

Anders als die Architekten der Vergangenheit, die auf ein *gemeinsames* Repertoire funktionierender Typologien, ästhetisch durchgebildeter und mit Bedeutung aufgeladener Vokabeln sowie festgefügter Regeln der Verknüpfung zurückgreifen konnten, innerhalb dessen sie ihre persönlichen Gestaltvisionen verwirklichen konnten, musste jetzt jeder Architekt eigenständig und ohne das Hilfsmittel einer solchen gemeinsamen Sprache den Weg zu einer künstlerischen Form finden. Das galt in der Folge auch für die vielen jüngeren Architekten, die sich zwar an den berühmten Heroen der 1920-Jahre orientierten, aber dennoch ebenfalls für jedes neue Gebäude ein eigenständiges Gestaltkonzept finden mussten.

HEROEN DER NACHKRIEGSZEIT

Le Corbusier II

Zunächst einmal war es jedoch erneut Le Corbusier, der radikal mit den Prinzipen brach, an deren Aufstellung er selbst maßgeblich beteiligt gewesen war, und zum zweiten Mal in seinem Leben ein völlig neues formales Konzept entwickelte, diesmal aber nicht für den Wohnungsbau, sondern für einen der großen blinden Flecke des Internationalen Stils, das repräsentative Bauen.

Begonnen hatte seine Auseinandersetzung mit diesem Thema bereits 1927 mit der Teilnahme am Wettbewerb für den Völkerbundpalast in Genf. Er näherte sich mit diesem Entwurf stark an das Konzept des Dessauer Bauhauses an, bei dem die unterschiedlichen Funktionen auseinandergezogen, in separate Baukörper verteilt und dann durch Erschließungen und Gemeinschaftseinrichtungen miteinander verbunden wurden – ein richtungweisender Ansatz zur Bewältigung eines großen und komplexen Raumprogramms. (Das Raumprogramm des Bauhauses war allerdings winzig im Vergleich zu dem des Völkerbundpalastes.) Er entwarf also ein aus den Funktionen heraus entwickeltes und gegliedertes Gebäude, vorbildlich modern für die Zeit um 1927, aber die Preisrichter wollten kein hervorragend funktionierendes Verwaltungsgebäude, sondern einen Palast! Sie konnten sich gar nicht vorstellen, bei einer solchen Bauaufgabe den seit Jahrhunderten gültigen Rahmen der Repräsentationsarchitektur – und der war gleich-

Le Corbusier, Parlamentsgebäude,
Chandigarh, 1952–1965

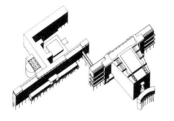

bedeutend mit Stilarchitektur – zu verlassen. Also verlor Le Corbusier, nebenbei auch noch durch die üblichen Intrigen.

Vier Jahre später nahm er einen zweiten Anlauf beim Entwurf für den Sowjetpalast in Moskau – schon wieder ein Palast. Hatte er sich auf der Suche nach Lösungen für die große Form, für repräsentative Bauaufgaben, 1927 vorsichtig an das Bauhaus angenähert, so ging er jetzt einen großen Schritt auf den Russischen Konstruktivismus zu. Es ist der einzige Entwurf Le Corbusiers, der seine Form in wesentlichen Teilen aus der Inszenierung der Konstruktion ableitete – etwa, indem die riesigen Dachträger des großen Saales von einem Druckbogen abgehängt wurden, der stark an die Form der Luftschiffhalle von Eugène Freyssinet erinnerte, die er in *Vers une Architecture* abgebildet

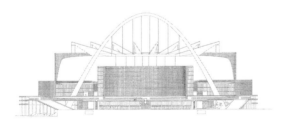

hatte.[158] Aber auch diese – wiederum großartige – Annäherung an den Russischen Konstruktivismus scheiterte, wurde ausgeschieden.

Es dauerte noch einmal 20 Jahre, bis Le Corbusier schließlich seine eigene Ausdrucksform fand, neu erfand, ohne Rückgriffe auf schon bekannte Vorbilder, ohne Beispiel überhaupt in der Baugeschichte: mit den Regierungsbauten von Chandigarh. Dort realisierte er tatsächlich seine »Paläste« – den Justizpalast, das Parlament und das Sekretariat –, dort hatte er seine neuen architektonischen Mittel so weit entwickelt, dass sie repräsentativer und monumentaler nicht mehr vorstellbar waren: in den Raum gestellte Skulpturen von geradezu archaischer Wucht.

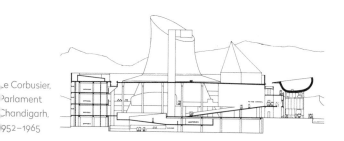

Le Corbusier,
Parlament
Chandigarh,
1952–1965

In diese Zeit – Anfang der 1950er-Jahre – fallen auch der Entwurf und Bau der Wallfahrtskirche von Ronchamp, der vielleicht die Abkehr von allen Prinzipien des Internationalen Stils noch deutlicher macht. Vergleicht man diesen Bau noch einmal mit der Villa Savoye, sind größere Gegensätze kaum vorstellbar:

– von der Auflösung in hauchdünne Flächen mit eingeschnittenen Fenstern zu schwerster Massigkeit und Kör-
perlichkeit, zu demonstrativem Volumen;

– von der schwebenden Leichtigkeit zu lastender, fast
erdrückender Schwere;

– von der kristallinen, rechtwinkligen Schachtel zu fließenden, geschwungenen, plastisch-gerundeten Formen;

– von gar keinem Dach zu einem absolut dominierenden
Dach;

– und schließlich: von der weißen, maschinenhaft glatten
Oberfläche zu extrem grobem, fast fellartigem Spritzputz
oder schalungsrau belassenem Sichtbeton.

Le Corbusie
Villa Savoye
1929–1931
Ronchamp
1950–195.

Kaum zu glauben, dass beide Gebäude tatsächlich vom gleichen Architekten entworfen wurden, wenn auch mit einem
Abstand von 20 Jahren.

Beides waren brillante Inszenierungen, aber die Villa Savoye
bewegte sich immerhin noch im Rahmen der allgemeinen

Prinzipien des Internationalen Stils und wurde eines seiner Aushängeschilder. Ronchamp hingegen warf sämtliche anerkannten Prinzipien über Bord und inszenierte geradezu den Ausbruch aus diesen Prinzipien, im Übrigen sehr zur Verblüffung, Irritation, ja Ablehnung seiner ehemaligen theoretischen Wegbegleiter, die Le Corbusier Verrat an der Sache der modernen Architektur vorwarfen. Ronchamp war ein erstaunliches und in dieser Form völlig unerwartetes und unerwartbares Unikat, eine Einzelinszenierung par excellence, wie sie im vorangegangenen Abschnitt als Gestaltungsprinzip der Neuen Architektur formuliert wurde.

Schwere, Masse, Volumen und ruppigen Putz oder Sichtbeton – das bringt Le Corbusier in einem zweiten Schritt in das Repertoire der Neuen Architektur ein – und er selbst bleibt dabei, kehrt nie wieder zu der weißen, schwebenden Schachtel zurück. Aber er tritt nicht aus der modernen Architektur heraus, er verwendet »keine Ornamente, er benutzt nicht die klassischen Gliederungen, er wirkt wie in den 1920er-Jahren durch die Volumina, die Konstruktionen und die Räume selbst, er spielt bis zum Ende das meisterhafte, korrekte und großartige Spiel der Körper unter dem Sonnenlicht«.[159] Nur hat die Architektur jetzt *Masse* und *Schwere* dazu- oder zurückgewonnen.

Trotz der starken Verunsicherung, die Le Corbusier mit seiner neuen, skulpturalen Architektur auslöste, wurde das Konzept schon bald aufgegriffen. Überall tauchten auf einmal die rauen, unbehandelten Sichtbetonoberflächen auf, wurden die Bauteile schwer, massig, skulptural – in den USA etwa bei Paul Rudolph, in Japan unter anderen bei Kenzo Tange, in den 1960er-Jahren dann weltweit. In Europa wurde zu dieser Zeit eine bestimmte Art von skulpturaler Betonarchitektur fast zum Synonym für Sakralarchitektur wie etwa die Wallfahrtskirche in Neviges von Gottfried Böhm.

Für einen Zeitraum von ca. zehn Jahren wurde dieser Personalstil, also die massenhafte Adaption und Anwendung der von einer einzelnen Person entwickelten Gestaltprinzipien, unter dem Namen Brutalismus zu einer regelrechten Mode – ein erstes Auftreten der später immer schneller ablaufenden, von Einzelpersonen initiierten Gestaltwandlungsprozesse. Vor allem aber – und unabhängig davon – war das neue Gestaltkonzept eine Befreiung, ein Ausbruch aus der Reglementierung des Internationalen Stils und eine erste Repertoireerweiterung der Neuen Architektur.

Mies van der Rohe II

Aber es war natürlich nicht die einzige Grenzüberschreitung. Auch Mies van der Rohe sah sich nach dem Zweiten Weltkrieg gezwungen, mit seinen in den 1920er-Jahren entwickelten Gestaltungsprinzipien zu brechen und noch einmal Neuland zu betreten – räumlich wie auch materiell.

Erst jetzt entstanden die berühmt-berüchtigten mies'schen »Kisten«, die bald ebenfalls eine weltweite Modeströmung auslösten: Stahl-Glas-Boxen ohne Dachüberstand,

Ludwig Mies van der Rohe, Crown Hall, IIT
Chicago, 1950–1956

entmaterialisiert, auf das Wesentliche reduziert und ein später immer wieder zitiertes Vorbild für den Minimalismus. Nichts war geblieben von den weißen Flächen, Scheiben und Betonstützen des Internationalen Stils, ein neuer Stahlbaustil war geboren (bis hin zu der berühmten negativen Ecke).

Aber auch räumlich konnte Mies – und die gesamte Neue Architektur – nicht bei dem zwar schon von Frank Lloyd Wright entwickelten, aber von Mies mit dem Barcelona-Pavillon noch einmal auf die Spitze getriebenen »fließenden Raum« stehen bleiben. Die Anwendungsmöglichkeiten dieses Raumkonzepts waren viel zu begrenzt. Es passte für großzügige Wohnbereiche in Villen, für kleinere Ausstellungspavillons, für das berühmte »Café auf der grünen Wiese« (weil der direkte, ebenerdige Bezug zu einem attraktiven Außenraum zwingender Bestandteil war), aber eben nicht für den Großteil der normalen, größeren und mehrgeschossigen Bauaufgaben mitten in der Stadt. So kehrte Mies zum strengen, rechteckigen, geschlossenen Raum zurück – eine Kehrtwendung um 180 Grad.

Nichts »fließt« mehr in der Crown Hall auf dem Campus des Illinois Institute of Technology oder in der großen Ausstellungshalle der Nationalgalerie in Berlin – die richtunggebenden Leitplanken fehlen, der Raum »steht«. Es gibt einen auf das absolute Minimum reduzierten Kern und ansonsten nichts als Leere, vom Raum selbst gehen keinerlei Impulse mehr aus, der Besucher oder Benutzer wird auf sich selbst zurückgeworfen. Dafür ist das Draußen durch die gläserne Hülle ständig präsent, es gibt im wörtlichen Sinn keinen Innen-Raum mehr, dieser ist so weit in seiner umgrenzenden Wirkung aufgehoben, wie es damals technisch möglich war und auch heute nur durch Ganzglasfassaden übertroffen werden kann. Wurde die Grenze zwischen innen und außen beim »fließenden Raum« noch durch weit in den Außenraum ausgreifende und tief in den Innenraum eindringende Wandscheiben aufgelöst, so wurde sie es jetzt durch die gläserne, entmaterialisierte Hülle – zwei extreme und extrem unterschiedliche Lösungen für das gleiche Thema. Aber auch: zwei faszinierende *Inszenierungen* des gleichen Themas.

Mies van der Rohe, Landhaus in Backstein, 1924 (lks.); Nationalgalerie, 1962–1968 (re.)

Damit erweiterte Mies seinerseits das Repertoire der Neuen Architektur um entscheidende räumliche, materielle und formale Handlungsspielräume – ohne jeden Rückgriff auf bereits existierende Vorbilder. Offene Raumkonzepte, Stahl-Glasfassaden und der Universalraum mit festem Kern als einzigem Fixpunkt sind seitdem aus der Neuen Architektur nicht mehr wegzudenken.

Scharoun

Mies van der Rohe und Le Corbusier waren tatsächlich die einzigen Architekten der Gründergeneration, denen das Kunststück gelang, durch neu erfundene Formkonzepte ein zweites Mal entscheidenden Einfluss auf eine ganze Architektengeneration und die weitere Entwicklung der Neuen Architektur zu gewinnen.

Es gab allerdings einen Architekten, der als Mitglied der *Gläsernen Kette* und der Architektenvereinigung *Der Ring* sowie als Professor an der Akademie für Kunst und Kunstgewerbe in Breslau und als einer der Architekten der Weißenhofsiedlung ebenfalls zum engsten Kreis der Avantgarde gehörte, der aber seinen entscheidenden Beitrag zur Erweiterung der Neuen Architektur erst nach dem Zweiten Weltkrieg leistete: Hans Scharoun. In den 1920er-Jahren gehörte er – damals stark von Hugo Häring beeinflusst – nicht zu den formbestimmenden Architekten des Internationalen Stils, sondern eher zu den Außenseitern und sein Gebäude auf der Weißenhofsiedlung war mit seiner bewegten Form und den vielen Rundungen einer der umstrittensten Beiträge der Ausstellung. Spätestens mit dem Haus Schminke in Löbau (1933) wurde deutlich, dass er mit seiner expressiv-organischen Architektur formal in eine andere Richtung strebte.

Es dauerte aber noch mehr als 25 Jahre, bis aus diesen Ansätzen mit der Berliner Philharmonie – in entschiedenem Gegensatz zu den formalen Prinzipien des Internationalen

Stils und des aufkommenden Funktionalismus – tatsächlich etwas wunderbar anderes und neues entstehen konnte: ein bewegter, beschwingter, sich frei in alle Richtungen
und in die Höhe entfaltender Raum, ein »Weinberg«, wie
Scharoun das von ihm entwickelte Konzept selbst nann-
te – eine bis dahin nie denkbar gewesene Repertoireerweiterung für den Bereich der Konzertsäle und eine bleiben-
de Alternative zu dem damals herrschenden Prinzip der
»Schuhschachtel«, vor allem aber eine räumliche Inszenierung, die der dargebotenen Musik noch eine zusätzliche,
kongeniale Dimension der Wahrnehmung eröffnete.

Aalto

Auch Alvar Aalto war schon Ende der 1920-Jahre ein an-
gesehenes Mitglied der CIAM-Architekten gewesen, bewegte sich aber – etwa mit seinem Sanatorium in Paimio
1927 – anders als Scharoun in dieser Zeit noch ganz im
Rahmen des Internationalen Stils. Man musste schon sehr
genau hinschauen, um die veränderte Grundhaltung, den
freieren, auch nachgiebigeren, sich viel besser dem Kontext
oder der Natur anpassenden Umgang mit den Formen zu
registrieren, der in seinem weiteren Werk immer mehr zu
seinem Markenzeichen wurde und – natürlich – zu einer
großartigen Befreiungsaktion aus dem engen Korsett der
1920er-Jahre-Moderne.

Schon mit der Innenwand des Finnischen Pavillons auf der
Weltausstellung in New York (1938) wurde die »Schachtel«
aufgelöst und die Wand in Schwingungen versetzt, wurde

ein regelrechtes räumliches Schauspiel inszeniert. Solche geschwungenen Formen, oft auch das Zusammenfassen von Wand und Decke in einer einzigen fließenden Bewegung, blieben ein wichtiges Motiv, vor allem bei Kirchenbauten und Auditorien. Hinzu kam im Grundriss die Betonung der bedeutenderen Bereiche des Raumprogramms durch muschelartige Formen im Kontrast zu den normalen, rechteckigen Funktionsbereichen.

Die geschwungene Form war ein charakteristisches Ausdrucksmittel Aaltos, das sich auch in seinen Möbelentwürfen zeigte und in den 1950er-Jahren den gesamten Zeitgeist beeinflusste. Aber er konnte auch anders! Er baute zum Beispiel ein wunderschönes Rathaus in Säynätsalo, (1950–52), ein Ensemble um einen Hof herum ohne jede Kurve, aber im Sinne einer maßstäblichen, unprätentiösen, menschlichen Architektur ein wirklicher Meilenstein und eine komplette Überwindung der 1920er-Jahre-Moderne. Das schräge Dach tauchte hier so gelassen und selbstverständlich wieder auf, als hätte es die schrille Auseinandersetzung um Flachdach oder Steildach nie gegeben. Und materiell wurde mit dem warmen Backstein eine ganz andere Ebene der sinnlichen Wahrnehmung angesprochen.

Auch diese Anlage wurde in der Folgezeit ein Vorbild für unzählige Rathäuser und Gemeindezentren – ähnlich wie die frei in die Landschaft gestreuten, ebenerdigen Pavillon-Ensembles von Scharoun für den Schulbau der damaligen Zeit.

Kahn

Symmetrie, Zentralität, Axialität, Ordnung – das waren, wenn man sich die Bauten des Internationalen Stils, aber auch die neuen Konzepte von Scharoun und Aalto vor Augen führte, Begriffe wie aus einer anderen Zeit, aus einer versunkenen, eigentlich für immer überwunden geglaubten Welt der klassischen Architektur. Und doch waren sie keine 30 Jahre nach dem Triumph der freien, asymmetrischen, offenen Formen des Internationalen Stils wieder da. Nur 14 Jahre trennten Louis Kahn von Le Corbusier, 15 von Mies van der Rohe und 18 von Gropius, eigentlich baute er in den 1950er- und 1960er-Jahren parallel zu den Gründungsvätern mit ihrem Spätwerk – aber er baute anders.

Wenn man Gebäude wie das Salk-Institute (1959), die Unitarian Church (1959) oder die Exeter-Library (1965) betrachtet, so erfolgte eine Re-Formalisierung der Architektur bei Kahn in zweierlei Hinsicht: zum einen durch die Wiederaufnahme der klassischen formalen Strategien wie Symmetrie, Zentralität und Axialität, zum anderen durch die Wiederaufnahme der klassischen geometrischen Grundformen Quadrat, Kreis und Dreieck.

Auf die Spitze getrieben wurde diese Formalisierung ab 1962 beim National Capitol in Dhaka, Bangladesch. Der streng komponierte Grundriss erinnerte bewusst an ein indisches Mandala, aber die geometrischen Einzelformen bildeten sich auch im Äußeren ab und fanden gleichzeitig als monumentale Fensterfiguren Anwendung. Vervoll-

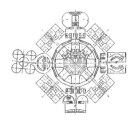

ständigt wurden Raumwirkung und Atmosphäre durch eine meisterhafte Lichtführung im Inneren und die Verwendung von Sichtbeton wie bei den Regierungsbauten in Chandigarh von Le Corbusier. *Silence and Light*[160] lautete denn auch der Titel eines Vortrags an der ETH-Zürich von 1969, in dem Kahn für die Verwendung der zeitlosen Mittel der Architektur plädierte.

Auch die relativ wenigen, aber prägenden Bauten Kahns hatten großen Einfluss auf die nachfolgende Architektengeneration. Sie zeigten, welche Bereicherung der Gestaltungsmöglichkeiten mit der Wiedereinführung von Ordnungsprinzipien der Alten Baukunst verbunden sein konnte, auch wenn die Anknüpfung an die Vormoderne damals von vielen als Tabubruch empfunden wurde. Auf fruchtbaren Boden fielen seine Ideen beispielsweise bei Mario Botta, der sowohl bei Le Corbusier wie auch bei Kahn gearbeitet hatte und dessen Villen im Tessin ohne diesen Einfluss so nie entstanden wären. Aber auch der Entwurf des Kanzleramts im Zentrum Berlins von Axel Schultes und Charlotte Frank war 30 Jahre später immer noch der Formenwelt Kahns verpflichtet.

WEGE AUS DEM FUNKTIONALISMUS

Schon die wenigen Beispiele zeigen – stellvertretend für die ganze Bandbreite individueller künstlerischer Neuansätze der Nachkriegszeit –, wie das Repertoire und die gestalterischen Möglichkeiten der Neuen Architektur durch Einzelinszenierungen herausragender Architekten entscheidend erweitert wurden – weit über die Grenzen des Internationalen Stils hinaus.

Aber diese Anstrengungen zeigten bis dato wenig Wirkung. Die 1960er-Jahre waren die Zeit, in der die Klagen über Unwirtlichkeit, Sprachlosigkeit, Banalität und Informationsarmut der Architektur und der Nachkriegsstädte immer lauter wurden. Und tatsächlich waren die Bauten der engagierten Architekten ja nur Einzel- oder Glücksfälle, ansonsten regierte ein in diesem Ausmaß bis dahin ungekannter Bauwirtschafts-Funktionalismus – ohne Ausdruck, ohne Gestaltung, ohne Kultur – und das Ergebnis waren Betonwüsten, Stadtautobahnen und Hochhausghettos.

Gerade die jüngeren Architekten traf diese Kritik mit voller Wucht, und sie sahen ja auch selbst den desolaten Zustand ihrer Disziplin. Also machten sie sich auf die Suche: nach mehr Ausdruck, mehr Bedeutung, mehr Sprache – Architektur sollte wieder sprechen lernen! Das war der Aufbruch in die nächste Phase der Repertoire-Erweiterungen der Neuen Architektur, deren Ergebnisse dann zehn Jahre später von Charles Jencks in seinem Buch *Die Sprache der*

Postmodernen Architektur einer breiteren Öffentlichkeit zugänglich gemacht wurden.

Bedauerlicherweise war der Titel in jeder Hinsicht schlecht gewählt. Zum einen bewies die Unterschiedlichkeit der von Jencks zusammengetragenen und von ihm als beispielhaft ausgewählten Werke, dass es sich gerade nicht um eine neue, gemeinsame Sprache handelte, sondern um lauter separate, teilweise diametral entgegengesetzte inhaltliche und formale Ansätze. Zum anderen verwechselte Jencks schlichtweg den angeblichen Kampf gegen die Moderne mit dem tatsächlichen Kampf gegen den Funktionalismus. Es gab bei allen von ihm vorgestellten Gebäuden nur ein einziges gemeinsames Merkmal: dass es nicht mehr möglich war, ihre Form oder Gestalt primär aus der Funktion abzuleiten. Es ging also um *Antifunktionalismus*, nicht um *Postmoderne*.

Das Eindringen von Fremdformen

Trotzdem spielte das wiedererwachte Interesse an Sprache und Semiotik bei den Gebäudekonzepten der damaligen Zeit eine wichtige Rolle. Jencks selbst führte zwei herausragende Beispiele für die Verwendung ikonischer Zeichen in der Architektur an: die Sydney-Oper von Jörn Utzon und das TWA-Empfangsgebäude von Eero Saarinen.

Bei der Sydney-Oper dominieren tatsächlich maritime Bilder – ob nun aufgeklappte Muschelschalen, im Wind geblähte weiße Segel oder die silbrigen Schuppen einer

Superstudio, Fotomontage, 1971

Fischhaut – und wecken damit Assoziationen an Gegenstände der Wahrnehmungswelt, die man bis dahin noch nicht mit einem Gebäude in Zusammenhang gebracht hatte. Es handelt sich aber – und das ist das Entscheidende – nicht einfach um Abbilder von Segeln oder Muschelschalen, sondern um die geniale Umsetzung einer gerade erst entwickelten Technologie des weitgespannten Betonschalenbaus, die ganz neue Möglichkeiten eröffnete, Architektur zu denken und die Utzon sofort für sein Meisterwerk nutzbar machte (allerdings mit den hinlänglich bekannten Problemen bei der technischen Umsetzung).

Gleiches galt für das TWA-Empfangsgebäude von Eero Saarinen, das dieser entworfen hatte, kurz nachdem er als Juror im Sydney-Opera-Wettbewerb Utzon zum Preisträger nominiert hatte. Vielleicht war es ja auch nur eine Frage der Zeit, bis sich bei einem Architekten, der das Empfangsgebäude eines Flughafens – also eine große Halle – entwerfen sollte und dazu die neuesten Technologien – also Betonschalen – anwenden wollte, die Skizzen der Dachformen unversehens in Flügel verwandelten und dann die Idee sozusagen »aus dem Blatt heraussprang«: Flughafen, Fliegen, Flügel, Vogel – die Form hatte jedenfalls einen direkten Bezug zur Bauaufgabe. Wie sich die Auflager der gespreizten Betonflügel in den Boden stemmten und sogar noch die Dachentwässerung als Schnabel inszeniert wurde, wirkte keineswegs aufgesetzt, sondern fügte sich problemlos in die innere Logik des Gebäudes ein, ohne dass funktionale Mängel oder Verbiegungen in Kauf genommen werden mussten.

209

Überall in der Welt tauchten jetzt solche »sprechenden«, ikonischen Bauwerke auf, die allerdings nicht an die spektakuläre Wirkung dieser beiden Vorzeigebauten der 1960er-Jahre heranreichten. Die meisten Beispiele, die Jencks als eigentliche Vertreter ikonischer Zeichen in der Architektur zeigte, trugen wenig zu einer Repertoire-Erweiterung bei. Die wortwörtliche Übernahme fremder Bilderwelten, sofern sie auch später noch praktiziert wurde, wirkte meist plump und wurde schnell banal. Erst mit Santiago Calatravas Verkehrsbauten und Frank O. Gehrys Museumsbauten in den 1990er-Jahren machten spektakuläre Fremdformen aus dem biologischen Bereich erneut Furore, wenn auch hier zwischen Bauaufgabe und Gebäudeform keine inhaltliche Beziehung mehr bestand.

Eine späte Anerkennung erntete 2006 noch Peter Cook mit der Realisierung seines mit biologischen Metaphern getränkten Kunsthauses in Graz, nachdem er bereits 40 Jahre früher mit der Gruppe Archigram und der *Walking City* eines der spektakulärsten Fremd-Bilder der damaligen Zeit kreiert hatte.

Inszenierung der Vergangenheit

Was die damals »postmodern« genannte Zeitströmung allerdings leistete, war die Enttabuisierung der Geschichte, die erneute Öffnung des Zugangs zur Alten Baukunst, den die 1920er-Jahre-Moderne mit einem mächtigen Zauberbann belegt hatte. Auf einmal begannen sich Architekten wieder mit der Baugeschichte zu befassen, Vitruv, Alberti,

Charles Moore, Piazza d'Italia,
New Orleans, 197

Palladio wurden neu aufgelegt und rezipiert, und die dort aufgeführten Begriffe wie Schönheit, Angemessenheit, Proportion und Harmonie wurden wieder salonfähig. »The Presence of the Past« lautete denn auch das bezeichnende Motto der Architekturbiennale in Venedig (1980), die den Höhepunkt – und gleichzeitig auch schon den Endpunkt – dieser Entwicklung markierte.

In der *Strada Novissima* war ein repräsentativer Querschnitt der führenden Vertreter der Postmoderne mit jeweils einem eigens entworfenen Fassadensegment versammelt, unter anderen Robert Venturi, Charles Moore, Robert Stern, Michael Graves, Oswald Matthias Ungers, Joseph Paul Kleihues, Hans Hollein, Leon Krier, Frank O. Gehry und Arata Isozaki. Das Spektrum der Entwürfe reichte von der direkten Übernahme klassischer Säulenordnungen über ironische oder verfremdete Zitate aus der Stilgeschichte bis hin zu Comic-artigen Collagen aus Versatzstücken historischer Vorbilder – alles Elemente, die man auch an den realisierten Bauten der teilnehmenden Architekten wiederfinden konnte.

Längerfristige Bedeutung konnte aber weder die Reanimation von Vokabeln aus dem Bereich der Alten Baukunst noch die Applikation modisch verfremdeter Versatzstücke erreichen. Beides blieben Irrwege, aus denen auch eine Reihe ausgezeichneter Architekten nicht mehr herausfanden wie etwa gegen Ende seines Schaffens James Stirling, der mit seinen Institutsbauten in Cambridge in den

1960er-Jahren herausragende Beispiele Neuer Architektur verwirklicht hatte.

Inszenierung der Autonomie

Während also bestimmte Architekten die Übernahme von Fremdformen oder historischen Zitaten in den Korpus der Architektur betrieben, verfolgten Rationalisten wie Aldo Rossi, Oswald Matthias Ungers oder Giorgio Grassi ein diametral entgegengesetztes Ziel. Sie versuchten, die Architektur auf ihre ureigensten Prinzipien, auf die ihr zugrundeliegenden Archetypen zurückzuführen, also in jenen innersten Bezirk vorzudringen, in dem Stille und Zeitlosigkeit herrschen wie in den Bildern von Giorgio de Chirico und in dem auch das »Lärmen« wechselnder Funktionen, die in ihren Augen kamen und gingen, verstummt war.

»Das Thema und der Inhalt der Architektur kann nur die Architektur selbst sein«[161], schrieb Ungers 1982, Rossi forderte eine »vernunftbestimmte Lösung der Entwurfsprobleme auf der Grundlage des architektonischen Typus«[162], und Grassi versuchte – ebenso wie seine Mitstreiter – »die Kompositionsgesetze der Architektur aus der Architektur selbst heraus«[163] festzulegen. Gemeinsam ging es ihnen darum, »die Architektur aus blankem Zweckdenken zu befreien und als eigenständige Kunst zu rehabilitieren«[164]. Das war in den 1970er-Jahren, in denen das Wort »Baukunst« längst verpönt und die Architektur vielerorts zu reiner Bauproduktion herabgesunken war, tatsächlich ein

revolutionärer Ansatz, ein echter Schritt aus dem langen Schatten des Funktionalismus heraus. Entsprechend groß waren die Resonanz und die darauffolgende, teilweise erbitterte Auseinandersetzung innerhalb der Disziplin.

Beeinträchtigt wurde die Befreiungsaktion allerdings durch den – nicht zwangsläufig aus diesem inhaltlichen Ansatz folgenden – formalen Rigorismus, der die Entwürfe der Rationalisten mehr und mehr prägte, sodass die »unerbittlich gerasterte Lochfassade«[165] und die totalitäre Unterordnung unter das formale Prinzip des Quadrats bald zum Erkennungszeichen ihrer Architektur wurde. Denkanstöße für diese radikale Reduktion hatte Rossi bei dem von ihm hoch geschätzten Adolf Loos gefunden, andere Vorbilder für die Architettura Razionale, die Rossi 1973 auf der XV. Triennale in Mailand proklamiert hatte, waren Giuseppe Terragni und der Rationalismo der 1930er-Jahre in Italien, aber auch die rigide Fassadenstruktur des Entwurfs für eine Hochhausstadt von Ludwig Hilbersheimer 1924.

Mit seinem radikalen Ansatz einer »autonomen« Architektur entwickelte sich der Rationalismus eine Zeit lang zu einer vielbeachteten anti- oder postfunktionalistischen Strömung, die sich noch bis zur Jahrtausendwende in zahllosen gerasterten Lochfassaden aus Stein niederschlug. Bezogen auf die formale Kapazität der Neuen Architektur handelte es sich jedoch weniger um eine Repertoire-Erweiterung als um eine extreme und auf Dauer nicht tragfähige Einengung.

215

Aldo Rossi, Friedhof, Modena, 1980

Jencks zählte in seiner Streitschrift noch viele weitere Spielarten antifunktionalistischer Architektur auf wie etwa den Regionalismus, den Kontextualismus oder auch den Strukturalismus (mit so bedeutenden Vertretern wie Aldo van Eyck oder Herman Hertzberger), die jeweils neue Ansätze und Freiräume schufen. Aber im Rahmen der gesamten Entfaltung der Neuen Architektur blieb ihr richtungsweisendes Potenzial vorrangig auf die 1960er- und 1970er-Jahre beschränkt.

INSZENIERUNG DER KONSTRUKTION

Eine weitere notwendige Repertoireerweiterung betraf die Überwindung der konstruktiven Defizite. Der Russische Konstruktivismus, der schon in den 1920er-Jahren – etwa beim Monument der Dritten Internationale von Wladimir Tatlin – mit der künstlerischen Inszenierung der Konstruktion begonnen hatte, scheiterte damals noch an den begrenzten technologischen Möglichkeiten der nach-revolutionären Zeit und fand auch in der Folge kaum Eingang in den Kanon des Internationalen Stils. Erst in den 1950er- und 1960er-Jahren begannen Architekten, die Konstruktion tatsächlich in den Mittelpunkt der architektonischen Aussage zu stellen, in Deutschland zum Beispiel Sep Ruf, Egon Eiermann, Frei Otto und andere.

Der Deutsche Pavillon von Ruf und Eiermann auf der Expo 1958 zelebrierte geradezu die durch die neuen konstruk-

Renzo Piano, Richard Rogers, Centre Pompidou 1972–1977, Konstruktionsdetail

tiven Möglichkeiten des Stahlbaus gewonnene Filigranität und Leichtigkeit – im Übrigen als exquisiter Gegenpol zu der parallel aufkommenden skulpturalen Betonarchitektur eines Le Corbusier. Und die Zeltkonstruktionen auf der Expo 1965–67 von Frei Otto und Rolf Gutbrod, an Pylonen aufgehängte, mit einer Membrane verkleidete Netze in extremer Leichtbauweise, vermittelten nicht nur eine gänzlich neue Ästhetik, sondern schufen auch eine Freiheit in der Grundrissdisposition, die bisher bei Hallenbauten unbekannt und auch unmöglich erschienen war und die dann 1972 mit der Dachlandschaft des Olympiastadions in München ihren – auch symbolischen und inszenatorischen – Höhepunkt erreichte.

Aber auch für den Betonbau fanden sich Architekten und Ingenieure, die das neue Material nicht nur statisch optimiert, sondern künstlerisch einsetzten, indem sie den Kräfteverlauf bewusst sichtbar machten oder sogar regelrecht inszenierten, wie etwa Pier Luigi Nervi bei dem Palazzo dello Sport in Rom mit seinen schrägen, gegabelten Stützen außen und dem auffälligen Rautenmuster der Hallendecke im Inneren. Viele Architekten seiner Zeit griffen die dort entwickelten Möglichkeiten einer Inszenierung des Tragverhaltens auf, vor allem beim Stadion- und Hallenbau.

Besonders eng war der Zusammenhang zwischen Form und Konstruktion bei der schon erwähnten Schalenbauweise der 1960er-Jahre. Oft ergab die Optimierung der

Konstruktion fast schon automatisch die Form. Ein wesentliches Merkmal war die doppelte Krümmung der Schalenfläche, oft als hyperbolisches Paraboloid, durch die mit Schalendicken von nur wenigen Zentimetern große Spannweiten realisiert werden konnten. Schalen wurden damals »als die Nachfolger der traditionellen Kuppeln und Gewölbe gesehen«.[166] Berühmt als ästhetisch überzeugende Einheit von Konstruktion und Form wurden die Schalenbauten von Felix Candela, die – wie schon berichtet – auch Eero Saarinen inspirierten.

In den 1970er-Jahren traten die monolithischen Betonschalen dann mehr und mehr zugunsten von Stabwerkskonstruktionen aus Stahl und Glas in den Hintergrund. Sie knüpften damit an die ebenfalls schon in den 1950er-Jahren von Konrad Wachsmann, Buckminster Fuller und Max Mengeringhausen entwickelten räumlichen Fachwerke an. Mit Projekten wie dem gigantischen Flugzeughangar und der Klimakuppel über New York schufen Konrad Wachsmann und Buckminster Fuller einige der spektakulärsten Bildinszenierungen der damaligen Zeit.

Vor dem Hintergrund solcher Bilder purer Konstruktion entstand in den 1970er-Jahren schließlich eine Art »Kathedrale des Maschinenzeitalters«, das Centre Pompidou in Paris. Erst jetzt wurde das in den 1920er-Jahren proklamierte »Haus als Maschine« tatsächlich realisiert – oder besser: bis ins letzte Detail inszeniert –, allerdings ganz anders, als es sich noch Le Corbusier vorgestellt hatte: Nichts war mehr übrig vom Bild eines konventionellen Hauses! Das bewusste Zurschaustellen von Tragkonstruktion und Technik schuf eine neue Ästhetik des Industriezeitalters: ein multifunktionaler Kulturbetrieb mit hoher Flexibilität und einem stützenfreien Innenraum von 170 × 48 Metern wurde tatsächlich wie eine Maschine konzipiert und als solche symbolisiert.

Aber immerhin war es eine Kultur-Maschine, es war, bezogen auf Größe und gesellschaftliche Bedeutung, tatsächlich eine Kathedrale des Industriezeitalters, keine Kathedrale des Kapitals wie etwa die Zentrale von Lloyds of London von Richard Rogers (1979 – 86) oder die Hauptverwaltung der Hongkong-und-Shanghai-Bank (1979 – 86) von Norman Foster, die bald darauf entstanden. Bei diesen Bauten gerann die Inszenierung der Konstruktion mittels monströs zur Schau gestellter Tragstruktur oder nach außen gestülpter Versorgungstechnik zu einer die Ornamentik gotischer Kathedralen durch technische Versatzstücke imitierenden Dekoration: Konstruktion wurde zur Applikation.

Zu bleibenden Repertoire-Erweiterungen trugen eher die neuen Formen der Ingenieur-Ästhetik bei, die konstruktive und technologische Innovationen gestalterisch nutzbar machten oder inszenierten, etwa bei eleganten Brückenbauten, weitgespannten, filigranen Innenhof-Überdachungen oder auch bei energetisch optimierten Gebäuden wie etwa dem Haus Sobek in Stuttgart.

DAS ENDE DER GEWISSHEITEN

Immerhin hatten die breite, antifunktionalistische Strömung und die anderen Inszenierungsformen bis Ende
der 1970er-Jahre eine Flut von neuen Gestaltungsansätzen
und Bilderwelten hervorgebracht und schließlich sogar das
normale Baugeschehen erreicht. Wo es möglich war, wurden die Auswüchse des Funktionalismus zurückgedrängt
und vielerorts sogar eine Renaissance der Innenstädte ein-
geleitet. Die Neue Architektur schien – inzwischen um ein
Vielfaches breiter aufgestellt – zumindest auf einem guten
Weg.

Eine einflussreiche Gruppe von Architektinnen und Architekten sah das jedoch anders. Sie stellten nicht nur die bisherigen Fortschritte, sondern die Grundlagen der Neuen
Architektur insgesamt infrage: »Es gibt sie nicht mehr, die
heile Welt der Architektur, und es wird sie nie wieder geben.
Wir glauben daher nicht an die architektonischen Dogmen,
die uns weismachen wollen, dass Wahrheit und Schönheit
in der Architektur zu erreichen sind, wenn man die alten
Regeln der Baukunst befolgt.«[167]

Die Rede ist von den sieben Architekten der Ausstellung
»Deconstructivist architecture« im Museum of Modern
Art in New York 1988. Mit der Präsentation der Werke
von Frank O. Gehry, COOP Himmelb(l)au, Bernard Tschumi, Rem Koolhaas, Zaha Hadid, Daniel Libeskind und Peter Eisenman versuchte der umtriebige Philip Johnson

56 Jahre nach der zusammen mit Henry Russell Hitchcock erfolgten Ausrufung des Internationalen Stils zum zweiten Mal, eine neue Stilrichtung zu propagieren – obwohl von einem einheitlichen Erscheinungsbild erneut keine Rede sein konnte. Die Teilnehmer verfolgten mindestens vier verschiedene Ansätze: den destruktiv-anarchischen, den neo-konstruktivistischen, den poststrukturalistischen und den dadaistischen Ansatz.

Inszenierung der Dissonanz

Als COOP Himmelb(l)au Ende der 1960er-Jahre ihre architektonischen Vorstellungen entwickelten, ging es tatsächlich um Zerstörung und Negation der traditionellen Werte: »Wir wollen eine Architektur [...], die blutet, die erschöpft, die dreht und meinetwegen bricht. Architektur, die leuchtet, die sticht, die fetzt und unter Dehnung reißt. [...] Wenn sie kalt ist, dann kalt wie ein Eisblock. Wenn sie heiß ist, dann so heiß wie ein Flammenflügel. Architektur muss brennen!«[168]

Solche Ansätze kamen erkennbar aus der damaligen Kunst- und Happening-Szene, und so dauerte es noch 20 Jahre, bis Wolf D. Prix und Helmut Swiczinsky 1988 ihre ersten Bauten realisieren konnten, den Dachausbau in der Wiener Falkestraße und die Fabrik Funderwerk 3 in Kärnten, beide nach dem gleichen Schema: Die Ecke eines normalen Daches wurde aufgerissen oder zerfetzt, und aus dem Inneren brach eine völlig anders geartete, chaotisch erscheinende Struktur hervor. Das war der Sprung in ein anderes

COOP Himmelb(l)au, Museum Groningen, Modellstudie, 1989

formales Konzept, in eine Ästhetik des Hässlichen, der Dissonanz, der Zertrümmerung, der Différence, die auch die nachfolgenden Projekte kennzeichnete.

Auf Dauer ließ sich dieses Konzept der Anti-Ästhetik allerdings nicht kommerziell erfolgreich durchhalten. Schon das UFA-Kinozentrum in Dresden war nicht mehr negativ konnotiert, sondern eine hochdynamische, ästhetisch ausgefeilte Raumskulptur und wurde so ein positives Zeichen in der Ödnis der Plattenbauten der Prager Straße. Der Kommerz begann bereits, die Anti-Ästhetik einzufangen. »Wenn man auf die Widersprüche einer Zeit dadurch hinweist, dass man sie ästhetisch überhöht, dann macht man sie auch genießbar. Der Effekt ist also Stabilisierung, nicht Kritik.«[169] (Gleiches war früher bereits mit der Punk-Mode geschehen.) Fast prophetisch bemerkte auch Günter Behnisch schon 1990: »Der Protest ist domestiziert worden, aufgenommen in die akademische Welt der Architektur. Und man kann damit rechnen, dass in nächster Zeit die Apparate selbst [also die großen Konzerne] sich dieser nun zur Architekturrichtung gewordenen Erscheinung bedienen werden.«[170] So ist es – bezogen auf COOP Himmelb(l)au – dann auch geschehen.

Auch der zweite Vertreter dieser – zumindest anfangs – anarchisch auftretenden Architekturrichtung, Frank O. Gehry, begann schroff und kompromisslos, inszenierte »Junk-Collagen aus den Materialien der Baumärkte und dem Schrott der Zivilisation«.[171] Sein Programmbau, der Umbau seines eigenen Hauses in Santa Monica (1977–79), fiel allerdings auch in die Zeit der Hippies und der Home Made Houses in Kalifornien, ein »Haus, das nie eine endgültige Form haben würde [...], das in einem offenbar planlosen Bricolageprozess vor sich hinwucherte: un-architektonisch, an-architektonisch, Anarchie-tektonisch«.[172]

Aber wie COOP Himmelb(l)au musste auch Gehry sich ändern, um weiterzukommen – und das geschah dann auch in bewundernswerter Weise: zunächst durch die Einführung pop-artiger Elemente und ikonischer Zeichen, später durch die geometrisch-kristalline Formenwelt des Vitra-Design-Museums und schließlich durch das Guggenheim-Museum in Bilbao – ein langer Weg, wenn man den Ausgangspunkt bedenkt.

Das formale Konzept der Anti-Ästhetik, der wuchernden Nicht-Architektur, für das sowohl Gehry wie auch COOP Himmelb(l)au in ihrer Anfangszeit standen und für das sie in die Dekonstruktivismus-Ausstellung in New York aufgenommen worden waren, hatte sich jedoch historisch als Sackgasse erwiesen.

Neokonstruktivismus

Einen ganz anderen Ansatz – inhaltlich, geografisch, ästhetisch und formal – verfolgten Rem Koolhaas, Bernard Tschumi, Zaha Hadid und Daniel Libeskind, die alle um das Jahr 1976 an der Architectural Association in London zusammentrafen: Tschumi war dort von 1970–79 Lehrer,

Koolhaas von 1968–72 zunächst Student, dann von 1976 an ebenfalls Lehrer. Zaha Hadid hatte also bei beiden studiert, von 1972–77, und wurde dann ein Jahr später ebenfalls Dozentin. Da war Libeskind gerade wieder abgereist, er hielt sich von 1975–77 an der AA auf.

An dieser Hochschule für Architektur wurde zu Beginn der 1970er-Jahre der Russische Konstruktivismus wiederentdeckt, oder genauer: Es wurde jener Teil des Konstruktivismus wiederentdeckt, der sich der direkten Instrumentalisierung durch Funktion und Konstruktion entzogen hatte und deshalb durch den Internationalen Stil unterdrückt oder beiseitegeschoben worden war: das Runde, das Schräge, das Dynamische, das Diskontinuierliche, das Zersplitterte. All das konnte man in den Bildern von Malewitsch oder Rodtschenko finden, es fiel einem wie Schuppen von den Augen: Hier war ein formales Konzept ohne lästige Verknüpfung mit Funktion oder Konstruktion, die inzwischen so trivialisiert und banalisiert worden war, dass zu diesem Zeitpunkt sowieso keiner mehr daran glaubte.

Vorbild waren also die Bilder von Malewitsch und anderen Konstruktivisten, die *nicht* ruhig, rechtwinklig, geordnet waren wie etwa die Bilder von Mondrian, sondern dynamisch, geschwungen, zersplittert, schräg – mit Tiefenwirkungen, Überlagerungen, Bündelungen, Gruppierungen, Spuren, Ereignissen, linearen Elementen, Punkten und Flächen. Und alle diese Bestandteile fanden sich in Zeichnungen und Projekten von Rem Koolhaas oder OMA aus

227

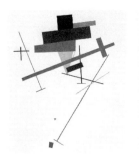

der frühen Zeit wieder, aber auch bei Zaha Hadid, deren Diplomarbeit den Titel »Malewitsch: Tektonik« trug, die sich aber ansonsten eher an El Lissitzky orientierte.

Extrem wichtig für die Gruppe wurde auch das Buch *Die Konstruktion von Architektur- und Maschinenformen* von Jakob Tschernikow, der darin bereits viele formale Möglichkeiten durchdeklinierte, die später in den Entwürfen von Koolhaas, Hadid und Libeskind auftauchten, des Weiteren auch Entwürfe für präfabrizierte Hausbausysteme, die dann Tschumi im Parc de la Villette in Paris als Vorlage für seine »folies« (»Verrücktheiten«) dienten.

Poststrukturalismus

Bernard Tschumi war es auch, der den französischen Philosophen Jacques Derrida einlud, sich an einem Projekt im Parc de la Villette zu beteiligen und der die Verbindung zu Peter Eisenman in New York herstellte. Damit kam eine weitere, diesmal philosophische Spielart der grundlegenden Infragestellung der Architektur ins Spiel.

Derrida gilt als Erfinder der Wortneuschöpfung *Dekon-struktion*, die als Begriff – bezogen auf die Interpretation von Texten – die Operationen der *Destruktion* und der *Kon-struktion* in sich vereinte. (Die schillernde Problematik, dass man Texte dekonstruieren kann, Gebäude aber nicht – jedenfalls nicht, bevor sie gebaut sind –, hat anschließend jahrelang die Theoretiker und das Feuilleton beschäftigt – eine Parallele zu den theoretischen Gefechten um den irre-führenden Begriff der Postmoderne.)

Alle Autoren waren sich jedoch einig, dass das Ziel der dekonstruktivistischen Ansätze darin bestünde, die »klas-sischen Selbstverständlichkeiten von Harmonie und Pro-portion, von Konfliktfreiheit und Symmetrie«[173] zu über-winden – eine Überwindung, welche die 1920er-Jahre in der Tat nicht geleistet hatten. Adolf Max Vogt schreibt: »Der Protest der Dekonstruktiven richtete sich mit guten Gründen darauf, dass eine echte Konfliktformulierung in der Bewegung der Moderne lediglich im ersten Jahrzehnt stattfand, dass aber spätestens 1928 jegliche sichtbare Kon-fliktverarbeitung gekappt wurde zugunsten einer Architek-tur der Idealisierung und der voreiligen Harmonisierung.«[174]

Das hatte sich gerächt und brach 50 Jahre später wieder her-vor als »Ästhetisierung des Konflikts, der Vieldeutigkeit«[175], als Wahrnehmung einer schichtweisen Mehrdeutigkeit, als Fragmentierung, Störung, Verzerrung, Verschiebung, Différence – um noch einmal ein Modewort aus der Dis-kussion aufzunehmen.

Derrida selbst äußerte, es sei das Ziel der Dekonstrukti-on, »die Architektur von all jenen äußeren Finalitäten und fremden[!] Zielen zu befreien«, beispielsweise von der »Vorherrschaft der Ästhetik, der Schönheit, [...] der Nütz-lichkeit, der Funktionalität, des Lebens, des Wohnens«.[176] Immerhin fügte er anschließend hinzu: »Aber dann muss man diese Themen innerhalb der Arbeit *neu einbringen*. Man kann (oder sollte) diese Werte [...] nicht einfach abtun. Man muss einen neuen Raum und eine neue Form sozusagen konstruieren, um eine neue Art des Bauens zu gestalten.«[177]

In diesem Kontext kam es dann auch zu der schon erwähn-ten Zusammenarbeit mit Peter Eisenman im Parc de la Villette. Dieser hatte sich ebenfalls intensiv mit der Kon-struktion und Destruktion sowohl von Texten wie auch von Gebäudeentwürfen auseinandergesetzt, die er konse-quenterweise durchnummerierte (Haus I–X) und in de-nen er verschiedene, mögliche und unmögliche Kombina-tionen syntaktischer Elemente (Bauteile) durchexerzierte. Aus der Zusammenarbeit mit Derrida gingen allerdings keine nennenswerten Ergebnisse hervor.

Auch die meisten anderen Projekte Eisenmans scheiterten immer wieder an der extrem abstrakten und theoretischen Herangehensweise. Realisierungen wie etwa das Haus am Checkpoint Charlie in Berlin oder das Wexner Center for the Visual Arts in Ohio fielen – gemessen an dem theore-tischen Anspruch – eher enttäuschend aus. Weltberühmt machte ihn 2005 schließlich das Denkmal für die ermordeten Juden Europas in Berlin, in dem die jahrzehntelange Beschäftigung mit strukturellen Überlegungen zu einer genialen Synthese gelangte.

Neo-Dadaismus

Für eine wieder andere Facette der Auflösungstendenzen traditioneller Architekturvorstellungen stand in der New Yorker Dekonstruktivismus-Ausstellung Daniel Libeskind, der als musikalisches Wunderkind begonnen hatte, später an der Cooper University in New York bei John Hejduk und Peter Eisenman Architektur studierte, das Studium der Baugeschichte und Architekturtheorie in Großbritannien fortsetzte und anschließend eine langjährige Karriere als Künstler, Schriftsteller und Theoretiker begann.

Berühmt wurde er 1980 durch seine *Micromegas*-Serie von Grafiken mit unräumlichen Lineaturen, die gleichwohl Assoziationen an Haus- oder Gebäudemaschinen oder sonstige bauliche Sujets hervorriefen, sowie durch seinen Beitrag auf der Biennale in Venedig 1985, wo er drei hölzerne Maschinen in Mannesgröße ausstellte, die Architektur lesen, erinnern und beschreiben sollten – Texte, die eindeutig an die dadaistische Tradition der 1920er-Jahre anknüpften.

Der Dadaismus war eine weitere unterdrückte Kunstrichtung der 1920er-Jahre und von *De Stijl* gewesen. Theo van Doesburg veranstaltete 1922 nicht nur einen Konstruktivisten-Kongress in Weimar, sondern auch einen Dada-Kongress, an dem auch der Dadaist Kurt Schwitters aus

Daniel Libeskind, Dream Calculus, Micromegas Series, 1979

Hannover teilnahm. Beide unternahmen dann einen »Dada-Feldzug« in den Niederlanden, 1923 ließ sich auch El Lissitzky in Hannover nieder und arbeitete später an Schwitters Zeitschrift *Merz* mit. In dieser Zeit begann Schwitters auch mit der Arbeit am sogenannten Merzbau (Merz u. a. von Kommerz), einer räumlichen Collage ohne Anfang und Ende, die er viele Jahre fortführte und bei der Konstruktion und Destruktion ständig ineinander übergingen. Ähnlichkeiten zwischen diesen (allerdings aus Fotos rekonstruierten) Merzbau-Strukturen und der Architektur von Libeskind sind kein Zufall.

Wie bei allen Protagonisten der Ausstellung im Museum of Modern Art dauerte es auch bei Libeskind sehr lange, bis er sein erstes Projekt realisieren konnte, das ihn dann allerdings mit einem Schlag weltberühmt machte: das Jüdische Museum in Berlin, 1992–2001. Ein Anbau als abstrakte Skulptur, sehr fremd neben dem barocken Altbau, ein Metall-Container oder ein mysteriöses Werkstück für einen nicht identifizierbaren Zweck. Gerade im Kontrast zum Altbau konnte man sehr klar erkennen, welche Wegstrecke die Architektur inzwischen zurückgelegt hatte.

Man sah im Vergleich sogar, dass der Abstand der 1920er-Jahre-Architektur zu den vorangegangenen Jahrhunderten – trotz des revolutionären Neubeginns – viel geringer war als zur Architektur des ausgehenden 20. Jahrhunderts, und dass es insofern zutreffend war, von den 1920er-Jahren inzwischen als »Klassischer Moderne« zu sprechen, weil die verborgenen Fundamente damals eben doch noch nicht geschleift worden waren: der Glaube an Ganzheit, Harmonie und Schönheit und an den festen Zusammenhalt von Form, Funktion und Konstruktion.

Es hatte noch einmal 70 Jahre gedauert, die molekularen Bindungskräfte der Architektur endgültig zu lockern oder zu dekonstruieren und den Anspruch, dass die Form irgendetwas mit der Funktion oder der Konstruktion zu tun habe, dass noch eine Synthese von Form, Funktion und Konstruktion möglich sei – ja, dass diese überhaupt noch ein Ziel der Architektur sei –, um diese längst obsolet gewordene Vorstellung endgültig und unumkehrbar sturmreif zu schießen.

Erst jetzt ging es endgültig nicht mehr um Formfindung als allmählichen Gestaltbildungsprozess, der nicht nur auf Raumbedürfnisse, Funktionen und konstruktive Möglichkeiten reagierte, sondern auch auf den städtebaulichen Kontext und die jeweiligen Lebens-, Arbeits- und Gesellschaftsformen – letztendlich also um die Baukörperform als *Ergebnis* –, sondern um die Form als *Ausgangspunkt*, die gesetzt war und ein vollständiges Eigenleben führte wie etwa die Fassadenstruktur des Jüdischen Museums, die sich nicht mehr auf das Innere bezog, sondern auf die grafischen Strukturen der *Micromegas*-Serie.

INSZENIERUNG DES RAUMES

Mit diesen vielfältigen und teils irritierenden Spielarten einer Inszenierung der Form war eine weitere der fünf Dimension der Architektur – Form, Funktion, Konstruktion, Raum und Material – ausgelotet und vorerst ein gewisser Endpunkt erreicht.

Aber parallel dazu liefen natürlich die Versuche der Repertoireerweiterungen in den anderen Dimensionen weiter. Zum Beispiel wurde die Auflösung des Raumes, die mit den Rauminszenierungen Mies van der Rohes begonnen hatte, durch weitergehende Entmaterialisierung – also durch die Verwendung von Glas jetzt auch für tragende Bauteile und die Minimierung der Materialstärken und Abmessungen – noch weiter auf die Spitze getrieben. Am Ende dieses Weges stand jedoch kein neues Raumkonzept, sondern die Einsicht, dass mit dem Erreichen des Zieles, mit dem »Verschwinden des Raumes« gleichzeitig eines der stärksten architektonischen Ausdrucksmittel verloren gegangen wäre: die *Prägung* von Raum, die Fassung, Formierung, Gestaltung der Grenze zwischen innen und außen.

Ein zumindest kommerzieller Erfolg war hingegen die erneute Inszenierung des Raumes durch riesige Hallen, Atrien, Foyers und Lobbys als gezielt eingesetzte Überwältigung des Betrachters durch schiere Ausdehnung, Höhe und gläserne Pracht. Ein architektonisches Inszenierungsmittel also, das schon die Schöpfer mittelalterlicher Kathe-

Daniel Libeskind, Jüdisches Museum,
Berlin, 1992–2001, Rohbau

dralen vollendet eingesetzt hatten, damals allerdings zur Erzeugung von Ehrfurcht und Gottgläubigkeit, nicht zur Demonstration von Bankenmacht oder als Aushängeschild internationaler Luxushotellerie.

Gleichzeitig begannen Architektinnen und Architekten in kleinerem Maßstab, an barocke Rauminszenierungen von Eingangs- und Treppenhallen anzuknüpfen. In Kombination mit skulptural gestalteten Erschließungselementen – Rampen, Brücken, Stegen, Wendeltreppen –, nur eben unter Einsatz modernster Materialien, setzten sie sich damit gänzlich von der platten funktionalistischen Definition von »Erschließung« ab.

Neuland in Bezug auf die Inszenierung von Raum betrat Ende des 20. Jahrhunderts Rem Koolhaas, der Schritt für Schritt vertraute Formen der Raumbildung aufzubrechen begann. Bei der Niederländischen Botschaft in Berlin durchlöcherte er einen kompakten Gebäudewürfel von unten bis oben mit einer Art »Wurmgang«, die Erschließung »fraß« sich sozusagen in Windungen durch das Gebäude, trat teilweise auch aus dem Körper heraus, um dann auf dem Rückweg erneut die Gebäudehülle zu durchstoßen und Ein- und Ausblicke in andere Geschosse freizugeben.

Bei dem Wettbewerb für die Nationalbibliothek in Paris 1989, den dann Dominique Perrault mit einer platten Metapher von vier gigantischen aufgeklappten Büchern gewann, steigerte Koolhaas dieses Spiel mit dem Durchbohren noch weiter in Richtung Aushöhlung und Bildung von negativem Raum. In seiner genialen Konzepterläuterung formulierte er: »The Very Big Library is interpreted as a solid block of information, a repository of all forms of memory – books, laser disks, microfiche, computers, databases. In this block, the major public spaces are defined as *absence of building*, voids carved out of the information solid. Floating in memory, they are multiple embryos, each with its own technological placenta.«[178] Aus einer Vision zukünftiger Bibliotheksentwicklung entstand eine ebenso visionäre wie poetische Raumkonzeption.

Rem Koolhaas,
Wettbewerb
Nationalbibliothek,
Paris, 1989

Dieses »Aushöhlen« der Körper und das Spiel mit positivem und negativem Raum blieben ständiges Entwurfsprinzip von Koolhaas, etwa bei der Casa da Música in Porto, bei der die zwei Konzertsäle als »Schuhkartons« aus einem diesmal unregelmäßigen Polyeder herausgeschnitten wurden. Bei dem Projekt der Bibliothek für Jussieu 1993 ging es hingegen nicht mehr um das Ausschneiden oder Aushöhlen, sondern um räumliche Kontinuität: Das ganze Gebäude wurde als eine einzige, zusammenhängende Rampe konzipiert, auf der man hinauf- und hinabgleiten konnte.

Es gab keine separaten Geschosse mehr, sondern nur noch eine Endlosschleife – der Raum »floss«, aber anders als bei Mies van der Rohe nicht horizontal, sondern vertikal!

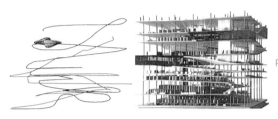

Die auf geneigten Ebenen oder Rampen angeordneten Magazinbereiche übernahm Koolhaas schließlich in ein weiteres, diesmal wieder realisiertes Bibliotheksprojekt: die Public Library in Seattle (2004), die auch die anderen räumlichen Ansätze integrierte und weiterentwickelte. Ein kompakter Würfel wurde zunächst in einzelne, horizontale Scheiben mit unterschiedlichen Funktionen zerschnitten. Diese Scheiben wurden dann vertikal auseinandergezogen, sodass Raum für die öffentlichen Nutzungen zwischen die Scheiben »einfließen« konnte. In einem dritten Schritt wurden die sozusagen in die Luft gehängten Nutzungsebenen auch noch horizontal in verschiedene Richtungen gegeneinander verschoben, sodass, von außen betrachtet, eine futuristisch anmutende Raumskulptur entstand – insgesamt ein ganz neuer räumlicher Denkansatz, eine in der Baugeschichte bis dato noch nicht in Erscheinung getretene Inszenierung von Raum. Dagegen nahmen sich frühere Konzepte zu den Themen »positiver und negativer Raum«

oder »Raum im Raum«, etwa von Oswald Mathias Ungers, eher konservativ und unspektakulär aus.

Neben den architektur-internen Repertoire-Erweiterungen gab es auch Anleihen bei anderen Disziplinen, die sich – wie etwa die Mathematik – ebenfalls mit Räumen befassen. Bei seinem 1997 fertiggestellten Möbius-Haus beschäftigte sich der niederländische Architekt Ben van Berkel mit mehrdimensionalen mathematischen Räumen und versuchte, die tatsächliche Kontinuität der Lebensprozesse in einem Wohnhaus durch Übernahme der räumlichen Figur des Möbiusbandes, mathematisch eine einseitige Fläche, abzubilden. Außer einer spektakulären Gebäudeskulptur entstand dadurch jedoch kein neues Raumkonzept.

Bei dem Mercedes-Benz-Event- und Ausstellungscenter von 2006 beschränkte van Berkel sich dann auf einen Teilaspekt des Möbiusbandes: die Kontinuität. Zwei ineinandergeschichtete Spiralrampen umschlossen als verdrehte Endlosschleifen mit kontinuierlichen Übergängen zwischen Fußboden und Wand, sogenannten Twists, ein gebäudehohes Atrium und schufen tatsächlich eine spektakuläre Rauminszenierung mit Anklängen an das Guggenheim-Museum in New York. Letztlich handelte es sich aber auch in diesem Fall – wie die Assoziation schon nahelegt – nicht um eine grundsätzlich neue Raumkonzeption.

Insgesamt zeigte sich, dass die Mathematik keine geeignete Disziplin ist, um neue *architektonische* Raumqualitäten zu kreieren, weil sie sich mit ihren n-dimensionalen Räumen mühelos über die Beschränkungen der dreidimensionalen menschlichen Lebenswelt hinwegsetzen kann. Wichtiger wurden daher Ansätze, das räumliche Erleben und die Wahrnehmung erneut in den Mittelpunkt zu stellen. Inzwischen waren viele Architekten weniger »an der Herstellung möglichst spektakulärer *Objekte* interessiert, sondern eher an der Wirkung von *Räumen*«[179], an der Inszenierung des Draußen und Drinnen, der Ausweitung und Einengung, der Öffnung und Schließung, der Grenzüberschreitung – an sinnlichen Erfahrungen also, die nur durch die körperliche Anwesenheit im Raum möglich waren.

Ähnlich argumentierte auch Gernot Böhme, der sich als Philosoph mit der Konstruktion von Atmosphären beschäftigte und zu den Begründern des *Spatial turn* auf architektonischem Gebiet gehörte. Raum kann man nur wahrnehmen, indem man leiblich anwesend ist und sich durch den Raum bewegt, sich also aus den ständig wechselnden Blickrichtungen und Perspektiven Stück für Stück eine

Vorstellung des Raumes *konstruiert*. Mit diesem Ansatz war die Grundlage für weitere, potenziell innovative Inszenierungen von Raum geschaffen.

INSZENIERUNG DER EINFACHHEIT

Zunächst einmal setzte jedoch nach dem Überangebot formaler Sensationen eine gewisse Ermüdung ein – im Übrigen mit 20-jähriger Verspätung gegenüber der Bildenden Kunst, die als Minimal Art schon in den 1960er-Jahren gegen die schrillen Töne der Pop-Art und des Action-Painting revoltiert hatte. Reduktion, Abstraktion und Kargheit bei gleichzeitiger materieller Präsenz waren damals die Stichworte gewesen: Angestrebt wurde eine Revolution der Sehgewohnheiten, durch welche die Objekte endlich wieder in ihrer erratischen Fremdheit wahrgenommen werden konnten. Der Überfülle wurde die Leere, dem Palaver die Stille, dem Informations-Overkill die Sensation der Abwesenheit von Information, die Konzentration auf die reine Präsenz der Objekte im Raum entgegengesetzt.

Dieser Weg einer radikalen Zurücknahme der formalen Mittel zugunsten einer maximalen Steigerung der Essenz wurde also 20 Jahre später auch für die Architektur wiederentdeckt oder als Möglichkeit erkannt, die Architektur auf ihre elementaren Wurzeln zurückzuführen. »Avoiding the irrelevant is the way to emphasize the important«[180], formulierte der britische Architekt John Pawson. Für Tadao

Andō, einen der Vorreiter, waren drei Elemente ausschlaggebend: ein authentisches, möglichst roh belassenes Material (z. B. Sichtbeton); eine makellose, etwa auf platonische Körper reduzierte Geometrie; und eine Natur, »der durch den Menschen eine Ordnung gegeben wurde [...], Licht, Himmel und Wasser, die abstrahiert wurden«.[181] Sicherlich spielte bei Andō auch die Tradition des japanischen Hauses und der Zen-Gärten eine wesentliche Rolle.

In der westlichen Hemisphäre erlebte unter anderem die Tradition der nordamerikanischen Shaker eine erstaunliche Renaissance. Überall in Zeitschriften und Büchern tauchten auf einmal Bilder der schlichten, aber handwerklich perfekt hergestellten Möbel und Inneneinrichtungen der Shaker-Familien auf. In dem Zusammenhang erinnerte man sich auch an die konsequente Vermeidung jeder überflüssigen formalen Spielerei etwa in Bauten von Heinz Bienefeld, Karljoseph Schattner oder Erwin Heerich – Architekten, die abseits vom Getöse des internationalen Architekturbetriebs arbeiteten wie im Übrigen auch die Architekten in Vorarlberg oder Peter Zumthor am Beginn seiner Karriere. Mit seinem Kunsthaus in Bregenz schuf dieser dann 1998 einen Leitbau der minimalistischen Bewegung in Europa.

Ein zusätzlicher Impuls für die Neue Architektur – und eine echte Repertoireerweiterung – kam aber erneut aus Japan: durch die Bauten von Kazuyo Sejima und der Gruppe Sanaa. Reduktion und Einfachheit wurden hier so weit auf

Alberto Campo Baeza, Haus Gaspar,
Cadiz, 1992

die Spitze getrieben, dass nicht nur Formensprache und bauliche Detaillierung minimiert wurden, sondern die Architektur selbst, oder besser: ihre materielle Substanz. Stützen wie Mikadostäbe, papierdünne Dachflächen, Wände, die – maßstäblich gesehen – nicht dicker waren als die zarten Linien in den Entwurfszeichnungen, schufen eine Filigranität und scheinbare Schwerelosigkeit, die als Ausdrucksform bis dato unbekannt gewesen war und die mit den wie absichtslos übereinandergestapelten, federleicht wirkenden und diffus verschleierten Schachteln des New Museum of Contemporary Art in New York einen vorläufigen Höhepunkt erreichte.

Das war Inszenierung pur – ein Unterschied wie Tag und Nacht zur Einfallslosigkeit funktionalistischer Massenarchitektur ebenso wie zur seriellen Simplizität rationalistischer Bauten mit ihrer aufdringlichen Ordnungsstruktur. Aus der Reduktion ästhetisches Kapital zu schlagen, blieb trotzdem eine Gratwanderung: ständig bedroht vom Absturz in die Banalität und von daher eine der schwierigsten, aber auch faszinierendsten Inszenierungsformen der Neuen Architektur.

INSZENIERUNG DES MATERIALS
UND DER OBERFLÄCHEN

Die Inszenierung der Einfachheit hatte allerdings eine
Kehrseite: Was an formalem Aufwand reduziert wurde,
musste durch Materialeinsatz und sorgfältigste Oberflä-
chenbehandlung kompensiert werden. Man kann dieses
Prinzip, das bereits anhand des Einsatzes kostbarer Materialien bei Mies van der Rohe erwähnt wurde, auch umgekehrt formulieren: Je weniger die Aufmerksamkeit durch
aufwendige Formen gebunden wurde, desto mehr rückte
die Eigenschaft der Materialien und Oberflächen in den
Fokus der Wahrnehmung: ihre Struktur, ihre Wertigkeit,
ihre Eigenfarbe, ihre handwerkliche Verarbeitung, ihre
haptische Qualität. Dies galt in besonderem Maße für die
Gebäudehülle, deren Potenzial als Schnittstelle zwischen
innen und außen, als mehrschichtige, diffuse, entmaterialisierte, informationstragende, tief gestaffelte Ebene mit
eigener Bedeutung in den 1990er-Jahren ganz neu ausgelotet – und inszeniert – wurde.

Ein Programmbau in diesem Sinne war schon 1987 das Institut du Monde Arabe von Jean Nouvel, dessen architektonische Hauptaussage einzig in einer höchst artifiziellen
Fassade bestand, die aus geschosshohen, quadratischen Me-
tallelementen mit verstellbaren Blenden zusammengesetzt
war, durch die der Lichteinfall moduliert werden konnte
und im Inneren eine flirrende, immaterielle Wirkung er-
zeugte, ein »Spiel mit der vom Licht aufgelösten Materie«.[182]

Beim Neubau für die Fondation Cartier 1994 zerlegte Nouvel die Fassade in Schichten, die jede für sich wie eine Textur wirkten, andererseits entstand aus der Überlagerung dieser Schichten eine starke Informationsdichte im Sinne von Komplexität, die Fassade bekam *Tiefe* und *Dichte* – Schlüsselbegriffe bei Nouvel – und einen eigenen räumlichen Stellenwert als Transitzone zwischen innen und außen. (Bei anderen Projekten auch als Interface, wenn man seine Versuche mit Informationsfassaden hinzunimmt, die allerdings in einer Sackgasse endeten.)

Kaum jemand hat jedoch die Inszenierung der Gebäudeoberflächen weiter vorangetrieben und das Repertoire der Neuen Architektur in diesem Bereich stärker erweitert und durch Innovationen geprägt wie die Schweizer Architekten Jacques Herzog und Pierre de Meuron. Sie stellten die Wahrnehmung selbst – und die Irritierung der Wahrnehmung – in den Mittelpunkt ihrer Arbeit und eröffneten dadurch immer wieder neue Möglichkeiten, das Spiel mit vorder- und hintergründigen Lesarten ihrer Bauten auszuloten und auszureizen: »Wir wollen mit unserer Architektur den Wahrnehmungsprozess unterwandern, [...] diese Diskrepanz aufzeigen zwischen dem, was da ist, und dem, was man wahrnimmt. [...] Hinter jedem unserer Projekte steht deshalb ein Wahrnehmungskonzept.«[183]

Sehr deutlich wurde diese Herangehensweise schon bei dem Gebäude für die Sammlung Goetz aus dem Jahre 1992, dessen scheinbar simpler Aufbau und Materialeinsatz mit den – irregeleiteten – Erwartungen der Betrachter spielte. Ein Schlüsselwerk der neuartigen Behandlung von Oberflächen war auch das Ricola Fabrik- und Lagergebäude bei Mühlhausen, bei dem Herzog & de Meuron transluzente Fassadenplatten erstmals mit einem Pflanzenmotiv bedrucken ließen, allerdings in verfremdender Vergrößerung und repetitiver Anordnung. Vorbild waren hier Serigrafien und Siebdrucke von Andy Warhol.

Dieser Tabubruch – manche Kritiker sprachen abschätzig von der »Wiedereinführung des Ornaments«[184] – war beabsichtigt, denn Herzog & de Meuron fanden die Äußerungen von Adolf Loos über die Verwendung von Ornamenten »ziemlich reaktionär und schwer nachvollziehbar«[185] und setzten ihre Versuche mit der »Tätowierung« von Gebäuden und Materialien unbeirrt fort, so etwa bei der Fachhochschule Eberswalde, bei der die Materialunterschiede von Beton und Glas durch die vollständige Bedruckung der Fassade mit Motiven des Fotografen Thomas Ruff vereinheitlicht – oder verschleiert – wurden, oder bei der homogen bedruckten Glasfassade der Bibliothek in Cottbus, die sich völlig indifferent gegenüber der Binnenstruktur verhielt.

Irritation und Verrätselung durch nur schemenhaft wahrnehmbare Fenster und Geschosse zeigte sich auch schon bei den beiden Stellwerken in Basel 1988 und 1992–95, dort allerdings durch ein gänzlich anders Material erzeugt: Wie bei der Spule eines Elektromotors wurden Kupferbänder

um den Gebäudekern gewickelt. So elegant wurde noch kein Stellwerk verpackt.

Wieder eine andere Richtung der Inszenierung von Materialien und Oberflächen schlugen Herzog & de Meuron bei der Fassade des Weingutes im Napa Valley, Kalifornien 1997, ein. Der Einsatz von Gabionen, eine originäre Neuschöpfung für den Gebäudebereich, der noch dazu klimatisch sinnvoll begründet war, schuf eine Art »steinernes Geflecht mit unterschiedlicher Transparenz [...]: eher vergleichbar mit einer Haut als mit einer traditionellen Steinmauer«.[186] Das Material entwickelte hier eine ähnliche Präsenz und inszenatorische Qualität wie bei der kurz vorher fertiggestellten Therme in Vals von Peter Zumthor.

»Wir benutzen tatsächlich alles, was verfügbar ist – Ziegel und Beton, Stein und Holz, Metall und Glas, Worte und Bilder, Farben und Gerüche. Seit wir mit unserer Arbeit begonnen haben, versuchen wir, das Reich der Architektur zu erforschen und zu erweitern, versuchen zu verstehen, was ›Architektur‹ ist«[187], – so noch einmal Herzog & de Meuron.

Coda

Damit war um die Jahrtausendwende erneut ein Endpunkt erreicht, alle denkbaren und möglichen Wege beschritten, alle funktionalen, räumlichen, konstruktiven, materiellen und formalen Begrenzungen eliminiert und auch alle ehemals als zwingend erachteten Verknüpfungen zwischen

Herzog & de Meuron, Ricola Fabrik- und
Lagergebäude, Mulhouse-Brunnstatt, 1992–1993

Form, Funktion und Konstruktion, zwischen innen und außen, Inhalt und Ausdruck, Form und Bedeutung aufgehoben sowie alle neu denkbaren Verknüpfungen hergestellt: eine kollektive kreative Kraftanstrengung, die eine unendliche Fülle von Gestaltungsoptionen zutage gefördert hatte und die nun den nachfolgenden Generationen zur Verfügung stand.

Gleichzeitig hatte sich damit die Neue Architektur – mit einer zeitlichen Verzögerung von 70 Jahren – einer anderen Disziplin immer mehr angenähert, die ebenfalls als Folge der industriellen Revolution entstanden war und mit der Geschichte der Neuen Architektur wie der Strang einer Doppelhelix verwoben war, um sich endlich im 21. Jahrhundert mit ihr zu vereinen.

—

4

DIE ZUKUNFT
DER NEUEN ARCHITEKTUR

RÜCKBLICK AUF DIE GESCHICHTE DES DESIGNS

Um die Geschichte der modernen Baukunst, die hier als Neue Architektur bezeichnet wird, über die Millenniumsgrenze hinaus in die Zukunft weiterzuspinnen, ist ein kurzer Rückblick auf die Geschichte des Designs erforderlich.

In allen gängigen Darstellungen wird diese Geschichte im Kern immer gleich – und immer parallel zur Geschichte der modernen Architektur erzählt, faktisch sogar in einer einzigen, zusammenhängenden Geschichte, weil die Protagonisten meist Architekten und Designer in Personalunion waren. Das Paradebeispiel war Peter Behrens als Maler, Jugendstilkünstler, Industriedesigner und Architekt von europäischem Rang. Aber auch die Riege der einflussreichsten Mitglieder des Deutschen Werkbundes, der eigentlich als Bund zur Förderung des Kunstgewerbes gegründet worden war, bestand überwiegend aus den führenden Architekten der damaligen Zeit.

Die Personalunion rührte auch daher, dass Architekten und Designer vor dem gleichen Problem standen: Sie mussten sich in einem mühevollen Prozess Schritt für Schritt aus der drückenden Übermacht der historischen Stilformen befreien, wie sie in den Musterbüchern des Kunstgewerbes kodifiziert und an den Architekturakademien gelehrt wurden. Erzählt wurde also für beide Disziplinen gemeinsam die Geschichte, wie es den Künstlern von Arts & Crafts, Jugendstil, Konstruktivismus, De Stijl und Bauhaus am Ende

AEG-Logos 1896, 1900, 1908, 1912,
Collage

gelang, neue formale Konzepte von hohem künstlerischen Rang ohne Anleihen bei den alten Stilen zu entwickeln.

Irritierend oder sogar regelrecht in die Irre führend ist jedoch, dass innerhalb dieser allgemein anerkannten Geschichte des Designs der zweite und letztlich ausschlaggebende Aspekt, die *industrielle Fertigung*, zwar als selbstverständliche Begleiterscheinung oder sogar als Auslöser und treibende Kraft der Entwicklung benannt wird (Design als »Gestaltung industriell gefertigter Massenprodukte«), gleichzeitig aber immer mit der Arts & Crafts-Bewegung begonnen wird, obwohl sich diese keineswegs mit industriell gefertigter Massenproduktion beschäftigte, sondern mit dem genauen Gegenteil: Sie forderte »eine Rückkehr zur handwerklichen Qualität«.[188] William Morris war ein »vehementer Gegner der maschinellen Massenproduktion«[189], und seine Kunstgewerbereform hatte »kein neues Industriedesign«, sondern ein »handwerkliches Elitedesign für den privilegierten Teil der Gesellschaft«[190] zum Ziel.

Gleiches galt später für alle Spielarten des Jugendstils, der ebenfalls – als zweite Station – in keiner Geschichte des Designs fehlt. »Die meisten der Jugendstil-Entwerfer [...] lehnten die industrielle Massenproduktion ab und suchten eine Lösung in der Reformierung des Kunsthandwerks. Sie gründeten Künstlergilden nach mittelalterlichem Vorbild und betrieben einen elitären Kult um die Ästhetik.«[191] In Zeiten der Hochindustrialisierung wirkte der Jugendstil

»auffallend unzeitgemäß«[192] und wie »ein Schritt zurück in die Vergangenheit«.[193]

Kein Wunder, dass der lang angestaute Konflikt mit den Befürwortern des industriellen Designs auf der Werkbund-ausstellung 1914 offen ausbrach und sich die Fraktion der handwerklich orientierten Einzelkünstler um Henry van der Velde vordergründig durchsetzte. Sie behielt sogar bis in die erste Phase des Bauhauses hinein die Oberhand (Gropius hatte sich im Werkbundstreit bis zuletzt auf die Seite van der Veldes geschlagen). Auch das Weimarer Bau-haus-Manifest von 1919 – mit der Kathedrale von Lyonel Feininger als Sinnbild und der mittelalterlichen Dom-bauhütte als Vorbild – knüpfte nahtlos an diesen Strang der Designgeschichte an: »Architekten, Bildhauer, Maler, wir alle müssen zum Handwerk zurück!«[194] Kurz: Der über-wiegende Teil der Frühgeschichte des modernen Designs beschäftigte sich mit Bewegungen, die dezidiert *gegen* diese moderne industrielle Produktion gerichtet waren!

Das mag daran gelegen haben, dass die Geschichte des *industriellen* Designs, also des zweiten – und letztlich siegreichen – Strangs der Designentwicklung bis dahin nicht gerade ein Ruhmesblatt gewesen war. Die indus-trielle Fertigung hatte sich lange Zeit auf das Kopieren von kunstgewerblichen Vorbildern beschränkt, die von Musterzeichnern oder »Dessinateuren« fabriktauglich ge-macht wurden und als »industrieller Historismus«[195] die Warenwelt mit billigem Schund überschwemmten. Später geschah das Gleiche mit den exquisiten Formen des Jugendstils, die in der Massenproduktion zum »industriellen Jugendstil«[196] herabkamen und zusammen mit den Niederungen des industriellen Historismus der wesentliche Auslöser für die Gründung des Deutschen Werkbundes – als Gegenbewegung (!) – waren. Für Hermann Muthesius, einen der Gründer, war »der industrielle Jugendstil die ›peinlichste Verhöhnung‹ des ursprünglichen Reformgedankens«.[197]

Erst die herausragende Tätigkeit von Peter Behrens als Chefdesigner für die AEG und etwa die Gründung der Möbelfabrik Karl Schmidt in Hellerau leiteten zusammen mit anderen fortschrittlichen Bestrebungen allmählich die Wende zu einer neuen, betont sachlichen Formensprache ein, die dann mit dem Dessauer Bauhaus den weltweit bewunderten Durchbruch zu einem eigenständigen künstlerischen Ausdruck *industrieller* Formgestaltung schaffte. Die Form der Stahlrohrstühle von Marcel Breuer oder der Leuchten von Wilhelm Wagenfeld konnte jetzt gar nicht mehr handwerklich, sondern nur noch industriell hergestellt werden, und sie verdankte ihren eminenten ästhetischen Reiz nicht mehr der Aura individuell erzeugter Handwerkskunst, sondern gerade der neuen Faszination perfekter, seriell und industriell gefertigter Objekte.

Das glückliche Ende verdeckte, dass die Geschichte des modernen Designs tatsächlich aus *zwei* Erzählungen – hier die Weiterentwicklung der modernen Formgestaltung, dort die Weiterentwicklung der industriellen Produktion – bestand, die keineswegs in harmonischer und produktiver Zusammenarbeit nebeneinander hergelaufen, sondern weit auseinandergedriftet und lange Zeit sogar in scharfen Gegensatz zueinander geraten waren, bevor sie nach etwa 70 Jahren endlich zu einer Synthese gelangten.

Das war um das Jahr 1925 herum. Es gab den Durchbruch zum industriellen Design, und es gab gleichzeitig – etwa mit dem Entwurf des Bauhausgebäudes in Dessau von Gropius oder mit der schon etwas früher entstandenen Villa La Roche-Jeanneret von Le Corbusier – den Durchbruch zur Neuen Architektur und den Anfang des Internationalen Stils. Es sah so aus, als hätten beide Disziplinen gleichzeitig den Sprung in das industrielle Zeitalter geschafft. Und so erzählt es ja auch die Legende.

DIE VERZÖGERTE INDUSTRIALISIERUNG DES BAUWESENS

Aber es sah nur so aus. In Wirklichkeit wiederholte sich in der Architektur der gleiche Vorgang wie vorher im Design. Denn während es 1925 bereits zahlreiche Fabriken, ja eine ganze Industrie für die serielle Fertigung von Gebrauchsgütern gab, für die nach langer Anlaufphase jetzt endlich eine adäquate industrielle Formgebung gefunden worden war, gab es keine einzige Fabrik für den Hausbau. Es gab überhaupt kaum Industrialisierung im normalen

Bauwesen (außer eben im Ingenieurbau) – die demonstrativ zur Schau gestellte Maschinenästhetik der Neuen Architektur war zu diesem Zeitpunkt lediglich eine formale Adaption, der kein adäquater Entwicklungsstand der Bautechnologie entsprach.

Zumindest basierte sie nur zum Teil auf tatsächlichem technologischen Fortschritt – indem etwa die neuen Materialien Beton und Stahl eingesetzt wurden –, zum größeren Teil aber auf den von der modernen Kunst, vom Konstruktivismus und von *De Stijl* entwickelten abstrakten Gestaltungsprinzipien (s. Kap. II). Doch selbst die neuen Materialien Beton und Stahl erweckten lediglich den Anschein fortgeschrittener oder industrieller Technologie, denn jedes zu betonierende Bauteil musste vorher mit aufwendiger handwerklicher Zimmermannsarbeit eingeschalt werden (bekanntlich scheiterte etwa Mendelsohn beim Einsteinturm daran), und die Stahlteile wurden per Hand in der Werkstatt oder vor Ort zusammengeschweißt oder die Bewehrungseisen in körperlicher Schwerstarbeit auf der Baustelle in ihre statisch erforderliche Form gebracht.

Es stimmt, dass Gropius schon 1927 bei seinen beiden Gebäuden für die Weißenhofsiedlung mit neuen, industrietauglichen Herstellungsmethoden experimentiert und dafür sogar in Kauf genommen hatte, dass diese Bauten architektonisch eher belanglos blieben. Aber als Resümee konnte er lediglich konstatieren, dass die Durchführung

Weißenhofsiedlung, Stuttgart,
1927, Baustelle

»dieser beiden Versuchsbauten deutlich den gegenwärtigen Stand der Entwicklung des Wohnungsbaus gekennzeichnet und gleichzeitig die technischen Probleme, die für den modernen Wohnungsbau noch zu lösen sind, herausgestellt«[198] haben. Auch Bruno Taut und Martin Wagner in Berlin ebenso wie Ernst May in Frankfurt experimentierten bei ihren Großsiedlungen bereits mit serieller Fertigung (von der im Übrigen Le Corbusier schon in *Vers une Architecture* geschwärmt hatte), bissen sich aber an der technischen, organisatorischen und wirtschaftlichen Umsetzung die Zähne aus.

Der überwiegende Teil des Neuen Bauens wurde trotz der industriellen Anmutung weiterhin konventionell, also handwerklich hergestellt – von den Sparten Industriebau, Hochhausbau und Ingenieurbau einmal abgesehen, die zusammengenommen nur einen relativ kleinen Teil der Bautätigkeit abdeckten, in den Architektur-Geschichtsbüchern aber überproportional vertreten waren, um den handwerklichen und gegenüber der übrigen Industrie hoffnungslos rückständig gebliebenen Charakter des Bauwesens nicht so deutlich in Erscheinung treten zu lassen.

Nach dem Ende des Zweiten Weltkriegs konzentrierte sich die Tätigkeit zum einen auf den Wiederaufbau – ebenfalls weitgehend mit konventionellen Mitteln –, zum anderen auf die Lösung der zahlreichen konstruktiven Probleme, welche die Einführung der neuen Baustoffe Beton und Stahl geschaffen, aber in den 1920er- und 1930er-Jahren ungelöst zurückgelassen hatte. Der enormen statischen Leistungsfähigkeit beider Materialien, die eine grundlegend neue Architektur erst möglich gemacht hatte, standen nur schwer zu kompensierende bauphysikalische Defizite gegenüber: schlechter Wärmeschutz, Schwinden und Kriechen beim Beton, fehlender Brandschutz beim Stahl. Die Eliminierung von Kältebrücken an diversen Anschlusspunkten im Stahl- und Betonbau blieb lange Zeit eine konstruktive Herausforderung, die Dichtungsproblematik bei Flachdächern und Terrassen führte noch bis in die 1970er-Jahre zu immensen Bauschäden; zur gleichen Zeit wurde an vielen Großbauten schon wieder eine grundlegende Sanierung notwendig, weil der gesundheitsschädliche Asbest entsorgt werden musste, der zum Brandschutz der Stahlbauteile eingebaut worden war.

Davon unabhängig war und blieb der Betonbau – auch bei Großbauvorhaben – aufgrund der aufwendigen Schalungsarbeiten und langwierigen Abbindeprozesse vor Ort eine letztlich handwerkliche Technologie. Daher begannen Mitte der 1960er-Jahre die ersten Versuche mit fabrikmäßig hergestellten Betonfertigteilen, sei es als Stützen, Unterzüge oder Deckenelemente, sei es als wandhohe Elemente für den Großtafelbau. Bis Mitte der 1970er-Jahre waren bereits zahlreiche Großsiedlungen mit vielen hunderttausend Wohnungen in dieser – jetzt tatsächlich schon industriellen – Technologie fertiggestellt, gleichzeitig wurde intensiv an der Entwicklung kompletter, vollständig industriell hergestellter Bausysteme und Raumzellen geforscht und einige Modellprojekte, etwa die Metastadt Wulfen, wurden auch realisiert. Bekanntlich hat sich aber diese Form der Industrialisierung des Bauwesens nicht nur technologisch und evolutionär als Sackgasse erwiesen, sondern darüber hinaus architektonisch und städtebaulich als Katastrophe. Häuser waren eben doch keine Autos!

Man musste also einen Schritt zurückgehen, eine Maßstabsebene tiefer ansetzen: auf der Ebene der Bauelemente und Einzelkomponenten, der Halbzeuge und Baumaschinen, der Materialien und neuen Materialkombinationen. Standardisierung und Normierung mussten vorangetrieben werden, um die Kompatibilität der jeweils eigenständig optimierten Elemente zu gewährleisten, Herstellungsprozesse in den Fabriken mussten rationalisiert und gleichzeitig flexibilisiert werden, um durch Vorfabrikation der Komponenten in unterschiedlichen Größen und Abmessungen Bestellungen nach Katalog möglich zu machen. Gleichzeitig musste das Zusammenfügen dieser Einzelelemente optimiert, die gesamte Verbindungstechnik revolutioniert und ein ganzer Kosmos neuer Pass- und Anschlusselemente für die Montage entwickelt werden.

Neue, bessere und spezialisierte Baustoffe wurden entwickelt, die dann mit der Zeit zu ganzen Paketangeboten und Systemlösungen kombiniert wurden wie etwa Fassadensysteme, Innenwandsysteme, Dachdichtungssysteme oder Wärmedämmverbundsysteme. Die maschinelle Ausstattung sowohl an Großmaschinen auf der Baustelle wie auch an Handmaschinen für den Monteur, die auf jeden Arbeitsgang perfekt zugeschnitten waren, wurde massiv vorangetrieben. Und schließlich musste auch die Organisationsstruktur der Fabriken und der Baubetriebe allmählich auf den Stand der übrigen Industrie gebracht und zudem mit der Zulieferindustrie für den gesamten technischen Ausbau koordiniert werden.

Es dauerte insgesamt bis in die 1990er-Jahre, bis dieser unendlich vielschichtige – aber diesmal erfolgreiche – Ansatz der Industrialisierung des Bauwesens flächendeckend den qualitativen Sprung vom Handwerksbetrieb zur Fabrik, von der *Herstellung* zur *Montage*, geschafft hatte. Im Ergebnis gab es zwar immer noch keine Haus-Industrie (von der inzwischen etablierten Fertighausindustrie im Einfamilienhausbereich abgesehen), aber eine Großbaustelle glich inzwischen dennoch einer Fabrik, in der – als einzigem Unterschied – nur ein einziges Produkt hergestellt wurde.

KONVERGENZ VON FORM UND TECHNIK

Schaut man sich im Vergleich dazu noch einmal die *gestalterischen* Anstrengungen und Inszenierungsstränge der Neuen Architektur an, wie sie im vorangegangenen Kapitel von der Nachkriegszeit bis zur Jahrtausendwende skizziert wurden, fällt sofort die Ähnlichkeit mit der vorangegangenen Entwicklung des Designs ins Auge: das gleiche Ausein-

anderdriften von Kunst und Industrie, die gleiche Abkoppelung der Gestaltentwicklung von der Technikentwicklung, ja sogar das gleiche Erreichen eines absoluten Tiefpunkts der Beziehungen, als die Bauindustrie und der mit ihr verbundene Bauwirtschaftsfunktionalismus immer tiefer in die technologische Falle der Großtafelbauweise rutschten, während gleichzeitig die Architekten ihr Heil in der Rückkehr zur Alten Baukunst (siehe Postmoderne) und zur handkolorierten Entwurfszeichnung suchten.

Aber auch die später den Postfunktionalismus ablösenden Gestaltungsrichtungen bezogen – wie wir gesehen haben – ihre Impulse keineswegs aus technologischen Neuerungen, sondern eher aus Diskursen im sprach- oder kulturwissenschaftlichen Bereich oder aus der Kunst. Und gerade der Minimalismus der 1990er-Jahre zeigte eine neue Nähe zu edlen, handwerklich gefertigten Details und Oberflächen, vielleicht sogar als Gegenreaktion nicht nur gegen das Feuerwerk formaler Experimente, sondern auch gegen die wachsende Dominanz der industriellen Produktion im Bauwesen. War es vorher immer noch der Architekt gewesen, der die Detaillierung der Bauelemente und die Details der Bauausführung festgelegt hatte, so ging das Primat jetzt mehr und mehr auf die normierten, standardisierten und zertifizierten Produktentwicklungen der Bauindustrie über, denen er sich in den meisten Fällen beugen musste.

Vielleicht hätte sich die zwiespältige oder indifferente Haltung der Architekten gegenüber der exponentiell vorwärts-

269

Oliver Collignon, Florian Fischötter,
City-Light-House, Berlin, 2003

drängenden technologischen Entwicklung trotzdem noch länger gehalten, wäre nicht Anfang der 1990er-Jahre die »Industrialisierung« auch in die Architekturbüros eingezogen. Wurden bis dahin die Entwürfe und Pläne noch wie vor 100 Jahren per Hand an der Reißschiene gezeichnet, begann jetzt der Siegeszug der Computer, zunächst als reine Zeichenmaschinen, aber schon bald ergänzt durch Bildbearbeitungs- und Layout-Programme. Es folgte die Perfektionierung der Darstellungs- und Rendering-Software, bis dann mit dem parametrischen Design auch die Grenze zum digitalen Entwerfen überschritten wurde. Parallel dazu nahm die digitale Vernetzung aller Planungsebenen und Planungsbeteiligten mit der Entwicklung des Building Information Modeling (BIM) immer weiter zu, ebenso die Schnelligkeit des Informationsaustausches mithilfe des Internets, die jedes neue – gerade erst geplante oder bereits realisierte – Projekt und jede technologische Innovation irgendwo auf dem Globus in Sekundenschnelle als Informations- und Anschauungsmaterial verfügbar machte. Auch die »Industrialisierung« der Planung inklusive ganz neuer Organisations- und Managementformen in den Architekturbüros war also in weniger als 20 Jahren Realität geworden.

Damit waren gleichzeitig die Weichen für die Zukunft der Neuen Architektur gestellt. So wie die Designer in den 1920er-Jahren durch die Entwicklung seriell und industriell gefertigter Objekte das Tor zu einem Universum neu gestalteter Dinge aufgestoßen hatten, deren Form und Herstellung handwerklich nie möglich – und daher auch nie denkbar – gewesen war und deren ästhetischer Reiz gerade aus dieser neuen, industriell erzeugten Form herrührte, wurde jetzt in den Architekturbüros begonnen, Gebäude zu konzipieren, deren Gestalt nur noch digital entworfen und deren Ausführung nur noch durch digital gesteuerte Fräs-, Druck-, Stanz- oder Verformungsprozesse in der Fabrik ermöglicht werden konnte – ein Prozess, der seinerseits den Zugang zu einem Universum zukünftiger Architektur- und Gebäudekonzepte eröffnete, bei denen Gestaltvision, digitale Planung und industrielle Herstellung zu einer unlösbaren Einheit verschmolzen sind.

GEBÄUDEDESIGN UND BAUKUNST

Diese – unumkehrbare – Entwicklung hat zur Folge, dass sich auch die Planungsprozesse in der Architektur und im Design längst angeglichen haben. Beide – Architektinnen und Architekten auf der einen und Designerinnen und Designer auf der anderen Seite – sind inzwischen (auch wenn die meisten Architekturbüros noch in eigenen Räumlichkeiten firmieren) in ein großes Team von Spezialisten eingebunden, das gemeinsam die Entwicklung und den komplexen industriellen Herstellungsprozess eines neuen Produkts – sei es ein Auto oder sei es ein neues Verwaltungsgebäude – vorantreibt. Und wie die Designer sind auch die Architekten immer stärker an diverse technologische, industrielle, organisatorische und wirtschaftliche

Vorgaben gebunden, die ihre frühere Gestaltungshoheit einschränken.

Seitdem die Architektur den gleichen Stand der industriellen Produktion wie das Design erreicht und den Mythos handwerklich-baumeisterlicher Gestaltung endgültig abgestreift hat, ordnet sie sich als weiteres Segment in die große Familie der industriellen Gestaltung von Gebrauchsgegenständen ein wie etwa Produktdesign, Grafikdesign, Webdesign, Modedesign …

Natürlich bleiben auch Unterschiede bestehen, sogar gravierende, die bereits ausführlich an anderer Stelle besprochen wurden:[199]

— Architekten entwerfen einzelne Gebäude, Designer Serienprodukte.
— Gebäude sind unlösbar an einen Ort gebunden, Designobjekte sind frei beweglich und überall einsetzbar.
— Architekten entwerfen Räume, Designer gestalten Objekte.
— Gebäude sind in der Regel um mehrere Maßstabsebenen größer (und auch teurer) als Produkte des täglichen Bedarfs.
— Gebrauchsgüter unterliegen dem schnellen Wandel der Moden, Gebäude sollen mindestens 100 Jahre halten.
— Beim Design liegen die wesentlichen Bestandteile des Produkts meist schon fest, ein Gebäude muss von Grund auf neu konzipiert werden.

273

Herzog & de Meuron, Elbphilharmonie,
Hamburg, 2016

Generell lässt sich also sagen, dass zu den gemeinsamen Tätigkeitsfeldern von Architekten und Designern in der Architektur immer noch weitere Bereiche hinzutreten: »Bei der um ein Vielfaches gesteigerten Größe der Gebäude sind es die statischen, konstruktiven und strukturellen Aspekte; bei der extrem längeren Lebensdauer kommen die Probleme der Haltbarkeit und Alterung der Baustoffe und der Anpassung an den Nutzungswandel hinzu. Neben der Gestaltung des Gebäudekörpers muss auch eine Raumkonzeption entwickelt werden, neben der Lösung des Funktionsprogramms die Einfügung in den städtebaulichen Kontext, neben der Gestaltung der äußeren Hülle schließlich der innere Aufbau und der Bauplan insgesamt.«[200]

Je stärker aber die Industrialisierung des Bauwesens und die damit verbundene Arbeitsteilung voranschreiten, desto mehr werden die Unterschiede zwischen den Tätigkeitsfeldern von Architekten und Designern auf solche – immer noch beträchtlichen – Größenordnungen zusammenschrumpfen, wie sie auch zwischen anderen Mitgliedern der Designfamilie, etwa Produktdesign (3D) und Grafikdesign (2D) bestehen. Und je mehr die Arbeitsmittel – also Computer und Softwareprogramme – identisch werden, desto mehr wird sich auch die entwerfende und gestalterische Tätigkeit von Architekten und Designern angleichen.

Für beide Bereiche gilt zudem, dass es innerhalb des gesamten Spektrums der Design- und Bautätigkeit keine separaten Klassen oder Sonderbezirke mehr geben kann (wie früher das Kunsthandwerk oder die Stilarchitektur), sondern nur noch eine lückenlos gleitende Skala: vom alltäglichen und allgegenwärtigen Gebrauchsdesign – sowohl für die gesamte Produktgestaltung der Gebrauchsgüterindustrie wie auch für die tägliche Praxis der Gebäudeplanung – über die hochwertige Gestaltung und Ausführung von Produkten und Gebäuden durch engagierte Design- und Architekturbüros bis hin zu den vieldiskutierten, ästhetisch brillanten Spitzenleistungen, die in Design-Awards oder nationalen und internationalen Architekturpreisen gewürdigt werden, – und schließlich zu den – noch selteneren – Kunstwerken in Architektur und Design.

Für beide Bereiche gilt des Weiteren, dass der Zwang zu raschem Wechsel im Design auch vor der Architektur nicht Halt machen wird. Grund für diesen – wenn auch immer noch unterschiedlich schnellen – Wechsel ist in beiden Disziplinen die neue, industrielle Basis der Produktion, die keinen Stillstand mehr kennt. Waren die Herstellungsbedingungen im Handwerk noch über Jahrhunderte oder sogar Jahrtausende konstant geblieben, werden sie in der Industrie durch ständigen, unaufhaltsamen technologischen Fortschritt zu Variablen, die immer neue Ansatzpunkte und Potenziale der Formentwicklung hervorbringen und letztlich auch neue gestalterische und künstlerische Antworten erzwingen. Auch durch diese unaufhaltsame und irreversible *Dynamisierung der Produktionsbedingungen* ist jede Rückkehr zu langanhaltenden Stilperioden, die das Kennzeichen der Alten Baukunst waren, ausgeschlossen.

Kurzfristig lässt sich allerdings durch die ebenfalls exponentiell ansteigende *Dynamisierung des Informationsaustausches* via Internet immer wieder eine ästhetische Angleichung oder Konvergenz der jeweils aktuellen Gestaltungsformen beobachten, da alle Produkte und Projekte global und simultan als Anregungspotenzial zur Verfügung stehen.

Für industrielles Design und Neue Architektur gleichermaßen gilt schließlich, dass der Anstoß für die konkrete äußere Gestalt, für neue Formen oder Gestaltideen nie mehr im jeweiligen Projekt selbst enthalten ist oder sein kann (etwa als angebliches Abbild von Funktionen oder Konstruktionen, die längst ihr nicht mehr visualisierbares, komplexes Eigenleben führen), *sondern immer von außen kommen muss*. Daher benötigen Architekten wie Designer ständig neue Impulse aus anderen Bereichen der Wahrnehmungswelt: aus der Kunst, der Gesellschaft, der Technologieentwicklung; aus neuen Materialien, Raumvorstellungen, Zukunftsvisionen; oder einfach aus Wandlungen des ästhetischen Empfindens, der Moden, der Lebensstile oder des Zeitgeistes insgesamt.

Für beide Bereiche gilt aber auch und vor allem, dass es immer noch und in alle Zukunft eine unsichtbare Scheidelinie gibt: zwischen dem perfekt gestylten Produkt von höchster ästhetischer Brillanz – das aber kalt und bedeutungslos bleibt – und dem künstlerisch gestalteten Entwurf, der die Menschen unmittelbar ergreift und fasziniert wie etwa das erste iPhone oder die mit stolzgeschwellten Segeln durch das Wasser gleitende Elbphilharmonie.

Letztere mag als Beispiel für den zukünftigen Weg der Baukunst dienen: eine Form und Außenhaut, die nur mit der aktuell fortschrittlichsten Technologie realisierbar war und die dennoch die maschinelle Welt von Industrie und Technik in ein Bild von ergreifender Poesie verwandelt hat. Kunst also als das Medium, das die Technik zu immer neuen Höchstleistungen antreiben kann, und die als solche zum Motor des Fortschritts wird.

—

1

Entstehung, Blüte und Untergang der Alten Baukunst

1 Behne, Adolf: Der moderne Zweckbau. Bauwelt Fundamente Nr. 10, Ullstein Verlag, Frankfurt/M. und Berlin 1964, S. 11

2 Ebenda

3 Ebenda

4 Ebenda

5 Ebenda, S. 12

6 Fischer, Günther: Vitruv Neu oder Was ist Architektur? Bauwelt Fundamente Nr. 141, Birkhäuser, Basel 2009, S. 190

7 Roland Martin, Henri Stierlin (Hrsg.): Griechenland. Taschen, Berlin 1994, S. 12

8 Vitruv: Zehn Bücher über Architektur. Ausgabe Fensterbusch. Wissenschaftliche Buchgesellschaft, Darmstadt, 5. Auflage 1991; Primus-Verlag, Lizenzausgabe 1996

9 Hans H. Hofstätter, Henri Stierlin (Hrsg.): Gotik. Taschen, Berlin 1994, S. 56

10 Ebenda, S. 51

11 Ebenda, vgl. S. 54

12 Ebenda, vgl. S. 54/55

13 Burckhardt, Jacob: Geschichte der Renaissance in Italien. 6. Auflage. Paul Neff Verlag, Esslingen 1920, S. 113

14 Theuer, Max: Einleitung, S. 44. In: Alberti, Leon Battista: Zehn Bücher über die Baukunst. Übersetzung Max Theuer. Wissenschaftliche Buchgesellschaft, Darmstadt 1991

15 Burckhardt, Jacob: Geschichte der Renaissance in Italien. 6. Auflage. Paul Neff Verlag, Esslingen 1920, S. 37

16 Günther, Hubertus: Albertis Vorstellung von antiken Häusern, in: K.W. Forster und H. Locher (Hg.): Theorie der Praxis. Akademie Verlag, Berlin 1999, S. 165

17 Ebenda, S. 177

18 Theuer, Max: Einleitung, S. 39. In: Alberti, Leon Battista: Zehn Bücher über die Baukunst. Übersetzung Max Theuer. Wissenschaftliche Buchgesellschaft, Darmstadt 1991

19 Burckhardt, Jacob: Geschichte der Renaissance in Italien. 6. Auflage. Paul Neff Verlag, Esslingen 1920, S. 39

20 Alberti, Leon Battista: De re aedificatoria, Florenz 1485. Faksimileband der Inkunabel ed. princ. Florenz 1485, in: Alberti Index, bearbeitet von Hans-Karl

Lücke, 4. Band, Prestel Verlag,
München 1975

21 Burckhardt, Jacob: Geschichte
der Renaissance in Italien.
6. Auflage. Paul Neff Verlag,
Esslingen 1920, S. 88

22 Ebenda, S. 12

23 Ebenda, S. 1

24 Ebenda, S. 11

25 Alberti, Leon Battista: Zehn
Bücher über die Baukunst.
Übersetzung Max Theuer.
Wissenschaftliche Buchgesell-
schaft, Darmstadt 1991, S. 13

26 Burckhardt, Jacob: Geschichte
der Renaissance in Italien.
6. Auflage. Paul Neff Verlag,
Esslingen 1920, S. 3

27 Ebenda, S. 16

28 Wölfflin, Heinrich: Renaissance
und Barock. Koehler & Amelang,
Leipzig 1986, S. 16

29 Burckhardt, Jacob: Geschichte
der Renaissance in Italien.
6. Auflage. Paul Neff Verlag,
Esslingen 1920, S. 41

30 Pevsner, Nikolaus: Europäische
Architektur. Prestel-Verlag,
2. Auflage, München 1967, S. 229

31 Burckhardt, Jacob: Geschichte
der Renaissance in Italien.
6. Auflage. Paul Neff Verlag,
Esslingen 1920, S. 208

32 Ebenda, S. 94

33 Ebenda, S. 41

34 Wölfflin, Heinrich: Renaissance
und Barock. Koehler & Amelang,
Leipzig 1986, S. 23

35 Kruft, Hanno-Walter: Geschichte
der Architekturtheorie. 3. Auflage,
C. H. Beck, München 1991, S. 82

36 Wittkower, Rudolf: Grundlagen
der Architektur im Zeitalter des
Humanismus. Deutscher Taschen-
buch Verlag, München 1983.
Anhang, Tafeln 89 und 91

37 Gombrich, Ernst H.: Die
Geschichte der Kunst. Belser
Verlag, Stuttgart und Zürich 1977,
S. 356

38 Ebenda

39 Borngässer, Barbara: Architektur
des Barock in Frankreich. In: Toman,
Rolf (Hrsg.): Die Kunst des Barock.
Tandem Verlag 2004, S. 131

40 Kruft, Hanno-Walter: Geschichte
der Architekturtheorie. 3. Auflage,
C. H. Beck, München 1991, S. 145

41 Ebenda

42 Wölfflin, Heinrich: Renaissance
und Barock. Koehler & Amelang,
Leipzig 1986, S. 131

43 Borngässer, Barbara: Architektur
des Barock in Frankreich. In: Toman,
Rolf (Hrsg.): Die Kunst des Barock.
Tandem Verlag, Potsdam 2004, S. 226

44 Laugier, Marc-Antoine: Das Manifest des Klassizismus. Verlag für Architektur, Zürich und München 1989

45 Borngässer, Barbara: Architektur des Barock in Frankreich. In: Toman, Rolf (Hrsg.): Die Kunst des Barock. Tandem Verlag, Potsdam 2004, S. 149

46 Kruft, Hanno-Walter: Geschichte der Architekturtheorie. 3. Auflage, C. H. Beck, München 1991, S. 210

47 Ebenda, S. 167

48 Ebenda, S. 244

49 Ebenda, S. 233

50 Posener, Julius: Vorlesungen zur Geschichte der Neuen Architektur (V). Arch+ 69/70, Aachen 1983, S. 22

51 Pevsner, N., Honour, H., Fleming, J.: Lexikon der Weltarchitektur. Prestel, München 1992, S. 370

2
Die erste Phase
der Neuen Architektur

52 Posener, Julius: Vorlesungen zur Geschichte der Neuen Architektur (III). Arch+ 59, Aachen 1983, S. 60

53 Ebenda, S. 31

54 Gropius, Walter: Programm des Staatlichen Bauhauses in Weimar. In: Conrads, Ulrich: Programme und Manifeste zur Architektur des 20. Jahrhunderts. Birkhäuser, Basel, 1. Auflage 1975, unveränderter Nachdruck 2001, S. 47

55 Gropius / Taut / Behne: Der neue Baugedanke. In: Ebenda, S. 43

56 Taut, Bruno: Ein Architektur-Programm. In: Ebenda, S. 38

57 Pahl, Jürgen: Architekturtheorie des 20. Jahrhunderts. Prestel Verlag, München 1999, S. 45

58 Posener, Julius: Vorlesungen zur Geschichte der Neuen Architektur (I). Arch+ 48, Aachen 1983, S. 25

59 Banham, Reyner: Die Revolution der Architektur. Bauwelt Fundamente Nr. 89, Vieweg, Braunschweig 1999, S. 219

60 Benevolo, Leonardo: Geschichte der Architektur des 19. und 20. Jahrhunderts. Callwey Verlag, München 1964, Bd. 2, S. 32

61 Robert Venturi, Denise Scott Brown, Steven Izenour: Lernen von Las Vegas. Bauwelt Fundamente 53, Vieweg, Braunschweig 1979, S. 175

62 Posener, Julius: Vorlesungen zur Geschichte der Neuen Architektur (I). Arch+ 48, Aachen 1983, S. 48

63 Gropius, Walter: Grundsätze der Bauhausproduktion. In: Conrads, Ulrich: Programme und Manifeste zur Architektur des 20. Jahrhunderts. Birkhäuser, Basel, 1. Auflage 1975, unveränderter Nachdruck 2001, S. 90

64 Gropius, Walter: Internationale Architektur. Florian Kupferberg Verlag, Mainz 1881, S. 6

65 Behne, Adolf: Der moderne Zweckbau. Bauwelt Fundamente Nr. 10, Ullstein Verlag, Frankfurt/M. und Berlin 1964, S. 12

66 Ebenda, S. 13

67 Ebenda

68 Häring, Hugo: Schriften, Entwürfe, Bauten. Karl Krämer Verlag, Stuttgart 1965, S. 72

69 Kruft, Hanno-Walter: Geschichte der Architekturtheorie. 3. Auflage, C. H. Beck, München 1991, S. 107

70 Häring, Hugo: Wege zur Form. In: Schriften, Entwürfe, Bauten. Karl Krämer Verlag, Stuttgart 1965, S. 13

71 Ebenda

72 Ebenda, S. 14

73 Paul, Sherman: Louis H. Sullivan. Bauwelt Fundamente 5, Ullstein Verlag, Braunschweig 1963, S. 144. Aus: Lippincott's 57 (1896), S. 403–409

74 Ebenda, S. 145

75 Ebenda

76 Ebenda, S. 147

77 Ebenda, S. 147/148

78 Ebenda, S. 148

79 Ebenda

80 Ebenda

81 Ebenda, S. 145

82 Le Corbusier: Ausblick auf eine Architektur. 1922. Bauwelt Fundamente Nr. 2. 3., unveränderter Nachdruck der 4. Auflage 1982. Birkhäuser, Basel 2001, S. 88

83 Ebenda, S. 77

84 Ebenda, S. 89

85 Ebenda, S. 106

86 Ebenda, S. 109

87 Ebenda, S. 89

88 Ebenda, S. 80

89 Ebenda, S. 22

90 Fuller, R. Buckminster, in: Banham, Reyner: Die Revolution der Architektur. Theorie und Gestaltung im Ersten Maschinenzeitalter. Bauwelt Fundamente 89, Vieweg & Sohn, Braunschweig 1990, S. 276

91 Le Corbusier: Ausblick auf eine Architektur. 1922. Bauwelt Fundamente Nr. 2. 3., unveränderter Nachdruck der 4. Auflage 1982. Birkhäuser, Basel 2001, S. 80

92 Ebenda, S. 92

93 Ebenda, S. 94

94 Robert Venturi, Denise Scott Brown, Steven Izenour: Lernen von Las Vegas. Bauwelt Fundamente 53, Vieweg, Braunschweig 1979, S. 160

95 Ebenda

96 Le Corbusier: Ausblick auf eine Architektur. 1922. Bauwelt Fundamente Nr. 2. 3., unveränderter Nachdruck der 4. Auflage 1982. Birkhäuser, Basel 2001, S. 105

97 Ebenda, S. 21

98 Ebenda

99 Ebenda

100 Ebenda, S. 85

101 Ebenda, S. 78

102 Ebenda, S. 82

103 Ebenda, S. 85

104 Ebenda, S. 84

105 Ebenda, S. 77

106 Ebenda, S. 22

107 Ebenda, S. 114

108 Ebenda

109 Norberg-Schulz, Christian: Logik der Baukunst. Bauwelt Fundamente 15, Vieweg Verlag, Braunschweig 1965

110 Le Corbusier: Ausblick auf eine Architektur. 1922. Bauwelt Fundamente Nr. 2. 3., unveränderter Nachdruck der 4. Auflage 1982. Birkhäuser, Basel 2001, S. 24

111 Ebenda, S. 105

112 Ebenda, S. 154

113 Ebenda, S. 90

114 Ebenda, S. 23

115 Ebenda, S. 157

116 Ebenda, S. 151

117 vgl. Alberti, Leon Battista: Zehn Bücher über die Baukunst. Übersetzung Max Theuer. Wissenschaftliche Buchgesellschaft, Darmstadt 1991, S. 491

118 Le Corbusier: Ausblick auf eine Architektur. 1922. Bauwelt Fundamente Nr. 2. 3., unveränderter Nachdruck der 4. Auflage 1982. Birkhäuser, Basel 2001, S. 118

119 Ebenda, S. 119, 135, 151

120 Ebenda, S. 157

121 Ebenda

122 Ebenda, S. 114

123 W. Boesiger / H. Girsberger: Le Corbusier 1910 – 65. Verlag für Architektur (Artemis), Zürich, 3. Auflage 1991, S. 44

124 Wright, Frank Lloyd: Schriften und Bauten. Gebrüder Mann Verlag, Berlin 1997, S. 228

125 Cohen, Jean-Louis: Le Corbusier 1887 – 1965. Taschen, Köln 2004, S. 10

126 Posener, Julius: Vorlesungen zur Geschichte der Neuen Architektur (I). Arch+ 48, Aachen 1983, S. 54

127 Le Corbusier: Ausblick auf eine Architektur. 1922. Bauwelt Fundamente Nr. 2. 3., unveränderter Nachdruck der 4. Auflage 1982. Birkhäuser, Basel 2001, S. 179

128 Hitchcock, H. R. / Johnson, Ph.: Der Internationale Stil. 1932. Friedrich Vieweg & Sohn, Braunschweig 1985

129 Gropius, Walter: Internationale Architektur. Florian Kupferberg Verlag, Mainz 1881, S. 5

130 Ebenda

131 Ebenda, S. 7

132 Ebenda

133 Ebenda, S. 9

134 Jäger, Falk, in: Hitchcock, H. R. / Johnson, Ph.: Der Internationale Stil. 1932. Friedrich Vieweg & Sohn, Braunschweig 1985, Vorwort, S. 10

135 Conrads, Ulrich: Programme und Manifeste zur Architektur des 20. Jahrhunderts. Birkhäuser, Basel, 1. Auflage 1975, unveränderter Nachdruck 2001, S. 103

136 Hitchcock, H. R. / Johnson, Ph.: Der Internationale Stil. 1932. Friedrich Vieweg & Sohn, Braunschweig 1985, S. 38

137 Ebenda, S. 41

138 Ebenda

139 Ebenda, S. 42

140 Ebenda, S. 44

141 Ebenda, S. 45

142 Ebenda, S. 52

143 Ebenda, S. 54, 58

144 Ebenda, S. 62

145 Ebenda

146 Ebenda, S. 64

147 Ebenda, S. 66

148 Ebenda, S. 67

149 Ebenda, S. 17

150 Ebenda

151 Le Corbusier: Ausblick auf eine Architektur. 1922. Bauwelt Fundamente Nr. 2. 3., unveränderter Nachdruck der 4. Auflage 1982. Birkhäuser, Basel 2001, S. 21

152 Wright, Frank Lloyd: Schriften und Bauten. Gebrüder Mann Verlag, Berlin 1997, S. 43

153 Hitchcock, H. R. / Johnson, Ph.: Der Internationale Stil. 1932. Friedrich Vieweg & Sohn, Braunschweig 1985, S. 36

154 Le Corbusier: Ausblick auf eine Architektur. 1922. Bauwelt Fundamente Nr. 2. 3., unveränderter Nachdruck der 4. Auflage 1982. Birkhäuser, Basel 2001, S. 61 ff.

155 Rowe, C., Slutzky, R.: Transparenz. Birkhäuser Verlag, Basel 1997

156 Hitchcock, H. R. / Johnson, Ph.: Der Internationale Stil. 1932. Friedrich Vieweg & Sohn, Braunschweig 1985, S. 18

157 Posener, Julius: Vorlesungen zur Geschichte der Neuen Architektur (I). Arch+ 48, Aachen 1983, S. 25

3
Die Entfaltung
der Neuen Architektur

158 Le Corbusier: Ausblick auf eine Architektur. 1922. Bauwelt Fundamente Nr. 2. 3., unveränderter Nachdruck der 4. Auflage 1982. Birkhäuser, Basel 2001, S. 212/213

159 Posener, Julius: Vorlesungen zur Geschichte der Neuen Architektur (I). Arch+ 48, Aachen 1983, S. 61

160 Kahn, Luis I.: Silence and Light. Park Books, Zürich 2013

161 Ungers, Oswald Mathias: Die Thematisierung der Architektur. In: Lampugnani, V. M., Hanisch, R., Schumann, U. M., Sonne, W. (Hrsg.): Architekturtheorie 20. Jahrhundert. Hatje Cantz Verlag, Ostfildern 2004, S. 275

162 Lampugnani, V. M., Hanisch, R., Schumann, U. M., Sonne, W. (Hrsg.): Architekturtheorie 20. Jahrhundert. Hatje Cantz Verlag, Ostfildern 2004, S. 245

163 Ebenda, S. 252

164 Ebenda, S. 275

165 Pahl, Jürgen: Architekturtheorie des 20. Jahrhunderts. Prestel Verlag, München 1999, S. 135

166 Nerdinger, Winfried: Konstruktion und Raum. Prestel Verlag, München 2002, S. 22

167 COOP Himmelb(l)au: Das Fassen von Architektur in Worte. In: Pahl, Jürgen: Architekturtheorie des 20. Jahrhunderts. Prestel Verlag, München 1999, S. 197/98

168 Maak, Niklas: Aufruhr gegen das Mittelmaß. In: Sommer, Th. (Hrsg.): Bauen für das 21. Jahrhundert. Zeitverlag, Zeit Punkte, Hamburg 1999, S. 52

169 Kähler, Gert (Hrsg.): Dekonstruktion? Dekonstruktivismus? Bauwelt Fundamente 90, Vieweg & Sohn, Braunschweig/ Wiesbaden 1993, S. 34

170 Ebenda, S. 53

171 Maak, Niklas: Gesprengte Moderne. In: Sommer, Th. (Hrsg.): Bauen für das 21. Jahrhundert. Zeitverlag, Zeit Punkte, Hamburg 1999, S. 47

172 Ebenda

173 Pahl, Jürgen: Architekturtheorie des 20. Jahrhunderts. Prestel Verlag, München 1999, S. 192

174 Ebenda, S. 191/192

175 Ebenda, S. 192

176 Papadakis, Andreas (Hrsg.): Dekonstruktivismus. Klett Cotta, Stuttgart 1989, S. 74

177 Ebenda

178 Koolhaas, Rem / Mau, Bruce: S, M, L, XL. 010 Publishers, Rotterdam 1995, S. 616

179 Fischer, Günther: Architektur-theorie für Architekten. Bauwelt Fundamente 152, Birkhäuser, Basel 2014, S. 199

180 Zabalbeascoa, A. / Marcos, J. R.: Minimalismus. Editorial Gustavo Gili, Barcelona 2000, S. 75

181 Andō, Tadao, In: Lampugnani, V. M., Hanisch, R., Schumann, U. M., Sonne, W. (Hrsg.): Architekturtheo-rie 20. Jahrhundert. Hatje Cantz Verlag, Ostfildern 2004, S. 291

182 Arch+ Nr. 108, Arch+-Verlag, Aachen 1991, S. 34

183 Arch+ Nr. 129 / 130, Arch+-Verlag, Aachen 1995, S. 20

184 Ebenda, S. 22

185 Ebenda

186 Arch+ Nr. 142, Arch+-Verlag, Aachen 1998, S. 27

187 Arch+ Nr. 129 / 130, Arch+-Verlag, Aachen 1995, S. 23.

4
Die Zukunft der Neuen Architektur

188 Schneider, Beat: Design – Eine Einführung. Birkhäuser, Basel 2009, S. 30

189 Ebenda

190 Ebenda, S. 31

191 Hauffe, Thomas: Die Geschichte des Designs im Überblick. DuMont Buchverlag, Köln, überarbeitete und aktualisierte Neuausgabe 2016, S. 50

192 Selle, Gert: Design-Geschichte in Deutschland. DuMont Buch-verlag, Köln 1987, S. 83

193 S. Anm. 190

194 Gropius, Walter: Programm des Staatlichen Bauhauses in Weimar. In: Conrads, Ulrich: Programme und Manifeste zur Architektur des 20. Jahrhunderts. Birkhäuser, Basel, 1. Auflage 1975, unveränderter Nachdruck 2001, S. 47

195 Selle, Gert: Design-Geschichte in Deutschland. DuMont Buch-verlag, Köln 1987, S. 80

196 Ebenda, S. 102

197 Ebenda

198 Joedicke, Jürgen: Weißenhof-siedlung. Karl Krämer Verlag, Stuttgart 1989, S. 44

199 Fischer, Günther: Architektur-theorie für Architekten. Bauwelt Fundamente 152, Birkhäuser, Basel 2014, S. 81 ff.

200 Ebenda, S. 91

S. 141: W. Boesiger/H. Girsberger, *Le Corbusier 1910–65*. Verlag für Architektur (Artemis), Zürich 1967, 3. Auflage 1991, S. 25, © F.L.C./VG Bild-Kunst, Bonn 2017. **S. 150:** Bruce Brooks Pfeiffer, *Frank Lloyd Wright*. Taschen, Köln 2004, S. 10. **S. 152, 154:** Carsten-Peter Warncke, *Das Ideal als Kunst. De Stijl 1917–1931*. Taschen Verlag, Köln 1990, S. 169, 168. **S. 155:** W. Boesiger/H. Girsberger, *Le Corbusier 1910–65*. Verlag für Architektur (Artemis), Zürich 1967, 3. Auflage 1991, S. 36 © F.L.C./VG Bild-Kunst, Bonn 2017. **S. 178:** Peter Gössel, Gabriele Leuthäuser, *Architektur des 20. Jahrhunderts*, Band 1. Taschen, Köln 2005, S. 218. **S. 180:** Vittorio Magnago Lampugnani (Hrsg.), *Lexikon der Architektur des 20. Jahrhunderts*, Hatje, Ostfildern-Ruit 1998, S. 406 (lks.); W. Boesiger/ H. Girsberger, *Le Corbusier 1910–65*. Verlag für Architektur (Artemis), Zürich 1967, 3. Auflage 1991, S. 98. © F.L.C./VG Bild-Kunst, Bonn 2017 (re.). **S. 192 oben:** Colin Rowe, Robert Slutzky: *Transparenz*. Birkhäuser, Basel 1997, S. 53. © Völkerbundpalast: F.L.C./VG Bild-Kunst, Bonn 2017. **S. 192 unten, S. 193:** W. Boesiger/H. Girsberger, *Le Corbusier 1910–65*. Verlag für Architektur (Artemis), Zürich 1967, 3. Auflage 1991, S. 106, 219, © F.L.C./ VG Bild-Kunst, Bonn 2017. **S. 194:** W. Boesiger/H. Girsberger, *Le Corbusier 1910–65*. Verlag für Architektur (Artemis), Zürich 1967, 3. Auflage 1991, S. 59, 257, vom Autor graphisch bearbeitet © F.L.C./VG Bild-Kunst, Bonn 2017. **S. 199:** Peter Gössel, Gabriele Leuthäuser, *Architektur des 20. Jahrhunderts*, Band 1. Taschen, Köln 2005, S. 203 (lks.); b) bpk/Kunstbibliothek, Staatliche Museen zu Berlin/Dietmar Katz (re.). **S. 204:** en.banglapedia.org. **S. 228:** Ausstellungskatalog, *Tendenzen der Zwanziger Jahre*. Dietrich Reimer Verlag, Berlin 1977, S. 1/112 (lks.); Jürgen Pahl, Architekturtheorie des 20. Jahrhunderts. Prestel Verlag, München 1999, S. 64, © VG Bild-Kunst, Bonn 2017 (re.). **S. 239, 240, 241 oben:** Rem Koolhaas, Bruce Mau, *S,M,L,XL*. 010 Publishers, Rotterdam 1995, S. 644, 1312, 1342–43, © VG Bild-Kunst, Bonn 2017. **S. 241 unten:** © UN-Studio, Ben van Berkel, Caroline Bos.

Projektkoordination: Katharina Kulke
Herstellung: Heike Strempel
Layout, Covergestaltung und Satz: Kathleen Bernsdorf

Papier: Munken Lynx, 130 g/m²
Druck: BELTZ Grafische Betriebe, Bad Langensalza, Deutschland

Bibliografische Information der Deutschen Nationalbibliothek
Die Deutsche Nationalbibliothek verzeichnet diese Publikation in der
Deutschen Nationalbibliografie; detaillierte bibliografische Daten sind
im Internet über http://dnb.dnb.de abrufbar.

ISBN 978-3-0356-1619-4

e-ISBN (PDF) 978-3-0356-1622-4

e-ISBN (EPUB) 978-3-0356-1620-0

© 2018 Birkhäuser Verlag GmbH, Basel
Postfach 44, 4009 Basel, Schweiz
Ein Unternehmen der Walter de Gruyter GmbH, Berlin/Boston

9 8 7 6 5 4 3 2 1   www.birkhauser.com